Barbara Rias-Bucher

Natürlich süßen mit

Agavensaft, Dattelsirup, schwarzer Melasse & Co

LUDWIG

Inhalt

Eine Agaven-pflanze kann pro Tag vier bis fünf Liter Saft liefern.

Die Verwendungsmöglichkeiten der natürlichen Süßmittel in der Küche sind sehr vielseitig.

Frisch geerntete Zuckerrüben haben einen hohen Zucker- gehalt und erinnern im Geschmack an Kohlrabi.

Vorwort

Die Lust des Menschen am süßen Geschmack, den er mit den meisten Säugetieren und so wichtigen Insekten wie Bienen, Wespen und Ameisen teilt, hat vermutlich physiologische Ursachen: Süßes liefert leicht löslichen Zucker, also rasch verfügbare Energie. Außerdem spielen wahrscheinlich angenehme Kindheitserinnerungen – die allerdings ins Unbewusste gewandert sind – eine Rolle: Muttermilch schmeckt süß, Saugen macht Spaß, und die Sehnsucht nach beidem bindet uns lebenslang ans süße Glück: Das »Steckerleis« meiner Kindheit ist inzwischen vom trendy »Magnum« abgelöst worden, und selbst zur eisigen Jahreszeit werden uns eisige Lutscher in Form von Zimtsternchen empfohlen.

Lassen Sie mich gleich ein mögliches Missverständnis ausräumen: Kein Süßmittel ist gesund, auch der viel gepriesene Honig nicht. Sein Mineralstoffgehalt nützt, wie ein Ernährungswissenschaftler es einmal formuliert hat, »nur den Bienen, aber nicht den Menschen.« Zucker, egal in welcher Form, kann Karies verursachen, treibt den Blutzuckerspiegel in die Höhe und macht dick, wenn man viel davon isst.

> **Zucker ist ein wichtiger Energielieferant, der schnell über das Blut Gehirn und Muskulatur erreicht und für neuen Schwung sorgt.**

Achten Sie auf die Gesundheit

Doch in vernünftigen Maßen verwendet, sind Agavendicksaft und Ahornsirup, Zuckerrübenkraut und Melasse, Rohrzucker und Dattelsirup sehr wohl eine Alternative zu weißem Zucker. Denn sie schmecken einfach besser, weil sie unserem Gaumen außer Süße noch ein jeweils eigenes Aroma schenken.

Kochen und Backen mit diesen Süßigkeiten macht mehr Spaß, weil man experimentieren kann. Wer das nicht so gerne tut, findet im Rezeptteil dieses Buches eine ganze Menge gelungener Experimente! Sehr wichtig: Alternative Süßmittel helfen uns, die Sucht nach Süßem zu lindern – eben weil ihr Aroma so stark ist, dass wir zu viel davon gar nicht mögen. Und Süßes, egal aus welcher Quelle bringt rasch Energie, wenn wir bei Arbeit oder Sport plötzlich Heißhunger spüren, die nächste Mahlzeit aber noch nicht in Sicht ist. Wer zunehmen muss oder möchte, ist mit Süßem gut bedient, denn es fördert den Appetit.

Tipps für die süße Küche

▶ An den Geschmack denken: Agavendicksaft schmeckt ziemlich neutral, Melasse sehr eigen. Deshalb lässt man Melasse lieber gleich »vorschmecken«, z. B im Gewürzkuchen, während man Agave mit anderen zarten Aromen wie Vanille, Kräutern, Zitronensaft kombinieren kann – sie passt also auch gut zum Fruchtsalat.

▶ An die Konsistenz denken: Beim Backen müssen Sie die Art des Teiges berücksichtigen: Hefeteig und cremiger Biskuit gelingen auch mit flüssigem Dattelsirup, während formbarer Mürbeteig bei zu viel Flüssigkeit pappig werden kann. Dickes Zuckerrübenkraut kann man wie Honig verwenden: am Honigkuchenteig, als Brotaufstrich, als Glasur für Fleisch. Zuckerrübenkraut eignet sich zum Marinieren von Fleisch aus dem Wok.

▶ An den Vitamingehalt denken: Alternative Süßmittel enthalten Vitamine nur in Spuren. Was in der Rohkost noch enthalten ist, stammt vom Gemüse und nicht vom Dressing mit Melasse oder Ahornsirup. Beim Backen und langen Schmoren gehen die wenigen Vitamine ohnehin verloren.

Was Sie nicht in diesem Buch finden:

▶ Honig: Darüber gibt es so viel zu sagen, dass man Bücher füllen kann – was viele Autoren auch schon getan haben. Ein Kapitel würde einem unserer wichtigsten Süßmittel nicht gerecht. Deshalb habe ich ganz auf Honig verzichtet.

▶ Obstkraut: Es gibt immer mehr davon, und die meisten sind alternative Brotaufstriche genau wie normale Konfitüren, aber keine eigenen Süßmittel.

▶ Malz: Gemälztes Getreide als Süßmittel kommt in allen Küchen der Welt vor. Für dieses Buch wäre das Thema zu umfangreich gewesen.

Nicht in jedem Gericht kann man Zucker einfach durch ein anderes Süßmittel ersetzen. Halten Sie sich lieber an die bereits ausprobierten Rezepte ab Seite 36.

Agavendicksaft

Die Pflanze der Göttin

Von der ursprünglich aus Mexiko stammenden Agavenpflanze gibt es etwa 300 Arten.

Im Glauben der Azteken war die Agavenpflanze Wohnsitz der Göttin Mayahuel: Darstellungen zeigen sie nackt auf einer Schildkröte vor einer blühenden Agave. Quetzalcoatl, Schöpfergott des ersten Menschen und als »Kostbare« oder »Gefiederte Schlange« Himmelssymbol, hatte die junge Göttin geraubt und in die wilden Steppen des Nordens gebracht. Dort wurde sie von Dämonen getötet und zerstückelt. Quetzalcoatl nahm ihre Knochen und schuf daraus die Agavenpflanze. Der Saft der Agave wurde zu Wein vergoren und bei religiösen Handlungen getrunken – streng rationiert übrigens, denn der Rausch war verpönt. Der Agavenmythos erinnert an viele andere Mythen zu Nahrungspflanzen: Immer ist es eine geopferte Gottheit oder Halbgottheit, aus deren zerstückeltem Leib wächst, was die Menschen so notwendig brauchen. Und immer muss ein Teil dieses Nahrungsmittels wieder den Göttern als Opfer gespendet werden.

Vergorener Agavensaft ist noch heute Nationalgetränk der Mexikaner. Bei den Azteken »Octli« genannt, von den Spaniern »Pulque« getauft, war das Getränk mit einem Alkoholgehalt wie Bier auch bei anderen Indianervölkern bekannt und wurde für medizinische Zwecke genutzt.

Botanisches

Agaven stammen aus Mexiko, und die ersten Exemplare haben die Spanier nach Europa gebracht. Heute findet man sie in fast allen tropischen und subtropischen Ländern. In trockenen Mittelmeerregionen und auf den Kanarischen Inseln prägen sie regelrecht das Landschaftsbild. Agaven wachsen zu mächtigen Pflanzen mit oft mehr als hundert starren, fleischigen Blättern heran. Wie meterlange Lanzen stehen sie dicht um den kurzen Stamm. Aus der Mitte der Blattrosette erhebt sich der Blütenschaft wie ein Bäumchen mit Tausenden von Blüten. Mit ihren Blüten sterben auch die Pflanzen ab, und die Vermehrung besorgen Brutknospen in den Achseln der Blütenblätter.

Agaven als Nutzpflanzen

Es gibt etwa 300 Arten, und die weltweit bedeutendste ist die Sisal-Agave: Ihre harten Blätter werden zu groben Fäden versponnen, aus denen man Schiffstaue und Paketschnüre, grobe Säcke und Fußabstreifer, Bürsten und Pinsel herstellt. Die bekannteste ist Agava tequilana, die den hochprozentigen Tequila liefert. Tequila ist Pflanze, Ort und Schnaps zugleich: Die Tequila-Agave wird rund um die Ortschaft Tequila nahe der mexikanischen Großstadt Guadalajara auf steinigen Vulkanhängen angebaut.

Durch den Gehalt an Papain – einem eiweißspaltenden Enzym – eignet sich Tequila gut als Verdauungsschnaps.

Agavensaft

Er bildet sich im Blütenschaft, solange er noch als »Knospe« – etwas größer als eine Ananas – mitten in der Blattrosette sitzt. Beim Einritzen dieses Sprosses und der weichen umliegenden Blätter fließt der dickflüssige, goldgelbe Saft aus und wird in Kübeln gesammelt. Die Mengen sind beachtlich: Manche Pflanzen liefern in drei bis vier Monaten über 900 Liter Saft; pro Tag sind das vier bis fünf Liter.

In Mexiko wird der austretende Agavensaft noch traditionell in Kübeln gesammelt.

7

Ökologisch erzeugt

Agavendicksaft, der bei uns in Naturkostläden und Reformhäusern verkauft wird, ist ein Naturprodukt gemäß der EU-Bioverordnung; er enthält keinerlei Zusätze, auch keine Konservierungsstoffe oder Geschmacksverstärker. Die Pflanzen für den Saft stammen aus Mexiko, wo sie in Plantagen mit kontrolliertem Anbau wachsen.

Was die Zuckerarten bedeuten

Diabetiker sollten Agavendicksaft nur sparsam verwenden. Auch Süßmittel mit hohem Fruktosegehalt lassen die Blutzuckerwerte ansteigen.

▶ Der Gehalt an Fruktose ist bei Agavendicksaft sehr hoch und macht mehr als 90 Prozent der Kohlenhydrate aus. Deshalb süßt der Saft stärker als normaler weißer Zucker. So können Sie Kalorien sparen, denn 100 Gramm Agavendicksaft süßen etwa so stark wie 125 Gramm weißer Zucker, liefern aber fast 200 Kalorien weniger.

▶ Die einfachen Zuckermoleküle helfen, wenn man plötzlich rasch Energie braucht: Fruktose und Glukose wandern direkt ins Blut und können vom Organismus sofort verwertet werden. Bei weißem Haushaltszucker dagegen verknüpfen sich je ein Fruktose- und Glukosemolekül zu einem Saccharosemolekül, das der Körper erst aufspalten muss.

▶ Der hohe Fruchtzuckeranteil nützt der Leber: Fruktose fördert die Glykogenbildung, die für das Funktionieren der Leber wichtig ist.

Auf Kalzium achten

Der Mineralstoffgehalt des Dicksafts ist höher als bei weißem Zucker; im Vergleich zu anderen Lebensmitteln spielt er jedoch keine Rolle. Unseren Bedarf an Vitaminen und Mineralstoffen können wir mit keinem Süßmittel decken. Und nach einer Mahlzeit mit reichlich Süßem verliert unser Körper besonders viel Kalzium, das für gesunde Knochen und Zähne sorgt. Deshalb auch mit alternativen Süßmitteln sparen und das Süße möglichst oft mit Milch, Joghurt, Dickmilch, Quark, Buttermilch und Kefir zubereiten. Rezepte dazu finden Sie reichlich auf den Seiten 36 bis 93.

Heilwirkungen von Agavenpflanzen

Noch heute gehören die verschiedenen Agavenarten zu den wichtigsten Heilpflanzen der mexikanischen Indianer.

▶ Mit den scharfen Blattspitzen sticht man die Haut nach einem Schlangenbiss an, damit Blut fließt und das Gift austritt.

▶ Frischer Agavensaft soll Fußpilz und wunde Füße heilen.

▶ Der Saft enthält Saponine, die den Cholesterinspiegel senken.

▶ Papain im Agavensaft gehört zu den Enzymen, die bei der Verdauung von Eiweiß wirksam sind und Fleisch zart machen. Agavendicksaft eignet sich deshalb gut für Marinaden und Beizen.

Agavendicksaft in der Küche

Der honiggelbe, klare Sirup gehört zu den besten Süßmitteln für Salate, Desserts, Müsli, Joghurt, Getränke und Konfitüren. Besonders gut harmoniert er mit Obst, weil er den natürlichen Fruchtgeschmack unterstreicht. Beim Backen gelingt Hefeteig ausgezeichnet, denn Hefe ist eine Ansammlung lebender Organismen, die den Teig biologisch lockern – einfach, indem sie sich vermehren. Dazu brauchen sie Nahrung und Feuchtigkeit. Nahrung finden sie in den Zuckermolekülen des Agavendicksaftes, der ihnen die notwendige Feuchtigkeit gleich noch mitliefert.

Für Biskuit pro Ei einen Esslöffel Agavensaft rechnen. Eiweiß mit etwas Zitronensaft steif schlagen. Nacheinander die Eigelbe und esslöffelweise den Agavensaft unterziehen. Zum Schluss Mehl mit Speisestärke und Backpulver auf die Mischung sieben und unterheben. Agavendicksaft kühl, trocken und dunkel lagern. Dann hält er sich auch in der geöffneten Flasche etwa ein Jahr.

Agave			
Agava tequilana · Familie der Agavaceae · Agavengewächse			
Agavendicksaft enthält je 100 g:			
Kohlenhydrate	77 g	Magnesium	58 mg
Kalium	63 mg	Natrium	15 mg
Fruktose	70 g	Eisen	5 mg
Kalzium	93 mg		
Glukose	7 g	1290 kJ/308 kcal	

Ahornsirup

Das süße Glück der Indianer

Der Ahornbaum – die Quelle des kostbaren Sirups.

»Die Freunde der Familie waren mit Geschenken gekommen: Mukkuks, die Ahornzucker enthielten …«, berichtete John Tanner vom üblichen Süßmittel der Indianer im Norden des amerikanischen Kontinents. Tanner wurde 1789 als kleiner Junge von Indianern entführt, und lebte mehr als 30 Jahre bei ihnen. Die Gefäße für den Zucker heißen Mukkuk oder Mocuck und waren selbst schon wertvolle Geschenke: aus Birkenrinde gefertigt, mit Ornamenten verziert und mit einem Fassungsvermögen von etwa 40 Pfund. In diesen Behältern wurden Sirup und auskristallisierter Zucker aufbewahrt. Die Indianer gaben ihr Wissen über das Anzapfen der Bäume und das Einkochen des Saftes bereitwillig an die Weißen weiter. Heute ist Ahornsirup das vermutlich bekannteste, beliebteste – und kostbarste – alternative Süßmittel. Für Amerikaner wären »pancakes« ohne »maple sirup« so unmöglich wie Schweinebraten ohne Knödel für Bayern. Und seit viele Deutsche morgens lieber Müsli und Obst statt Brot und Marmelade mögen, steht das indianische »Sinzibuckwud« – »dem Holz entlockt« – auch auf unseren Frühstückstischen.

Ahornsirup wird seit alter Zeit von den Indianern gewonnen. Er wird als Sirup und zur Zuckerherstellung verwendet.

Die Bäume

Ein Zuckerahornblatt ist das Staatssymbol Kanadas. Die Heimat der Bäume reicht von der Provinz Quebec in Kanada über die US-Bundesstaaten Maine und Vermont bis in den Süden nach New York. Sie wachsen bis zu 40 Meter hoch. Heute nehmen die Veranstalter den »Indian Summer« mit ins Programm, denn eine Reise zwischen September und November wird zum unvergesslichen Erlebnis: Strahlend wie ein Flammenmeer wirken die Wälder gegen den blauen Himmel.

Zuckerahorn (Acer saccharum) stammt aus dem Nordosten der USA und Kanada. Im Sommer sammeln die Bäume im Mark des Stammes zuckerhaltigen Saft. Ab Februar des folgenden Jahres steigt er als Nahrung in die Knospen der Blätter auf. Damit der Transport gelingt, braucht der Baum starke Temperaturschwankungen: Auf eine frostige Nacht muss ein warmer, sonniger Tag folgen. Bleibt der Nachtfrost aus, steigt auch der Saft nicht.

Erntezeit

Die erste schriftliche Überlieferung der Zuckergewinnung stammt aus dem Jahr 1634. Viel hat sich seit dieser Zeit nicht verändert, denn Indianer und weiße Siedler haben eine ziemlich perfekte und dabei höchst einfache Technologie entwickelt.

Sobald der Dauerfrost zu Nachtfrost und frostfreien Tagen wechselt, beginnt von Ende Februar bis Ende April die Erntesaison. Je nach Alter und Durchmesser des Baumes bohrt man ein bis fünf Zapfstellen – »taps« – in den Stamm. Fachgerechtes Anzapfen schadet den Bäumen nicht, denn die Rinde heilt innerhalb weniger Wochen wieder, und die Zapfstellen werden jedes Jahr an anderen Stellen gesetzt. Zu viele

Zuckerahornbäume sind beliebte Schattenspender, die man durch ihr auffälliges Laub leicht von anderen Bäumen unterscheiden kann.

Eine leckere Variante: Im Schnee wird aus Ahornsirup ein Lolli.

»taps« entziehen dem Baum zu viel Saft und damit auch das Leben. Verantwortungsbewusste Farmer achten darauf, dass pro Baum nicht mehr als etwa 40 Liter Saft fließen – die Menge, die der Baum »freiwillig« gibt.

In das Bohrloch kommt ein Tropfhahn, luftdicht mit Schlauchleitungen verbunden, durch die der Saft direkt in die Zuckerhütte fließt. Andere Farmer verzichten auf diese Arbeitserleichterung und hängen nur einen Eimer mit Deckel an den Hahn, in den der Saft läuft. Innerhalb von 24 Stunden muss der Saft weiterverarbeitet werden, sonst beginnt er zu gären.

Konventionell und Bio

Außer Zuckerahorn werden auch Schwarzer und Roter Ahorn gezapft. Der Saft dieser Arten enthält allerdings weniger Zucker.

Die Ahornwälder, natürliche Mischlaubwälder mit 70 bis 90 Prozent Ahornbestand, sind Kulturlandschaften, die gepflegt und abgeerntet werden. Traditionell arbeiten viele Farmer noch ohne Einsatz von Düngemitteln und Pestiziden. Beim konventionell erzeugten Sirup werden jedoch immer häufiger mechanische Hilfen wie Vakuumpumpen oder chemische Mittel eingesetzt, um den Ertrag zu steigern. Das ist bei kontrollierter Erzeugung verboten: Antigerinnungsmittel, die den Saft reichlicher fließen lassen und die Zapfstellen offen halten, chemische Schaumstopper beim Einkochen, Bleichmittel für die schöne honiggelbe Farbe oder gar »Strecken« des Saftes mit anderem Sirup ist den Bioahornfarmern untersagt. Kontrollen werden regelmäßig von unabhängigen Inspektoren durchgeführt.

Vom Saft zum Sirup

In der Zuckerhütte wird der Saft eingedickt. Bei kontrollierter Erzeugung leitet man den Rohsaft über einer mehrstufige Verdampfungsanlage, die aus großen, hintereinander angeordneten flachen Edelstahlpfannen besteht. Jede Pfanne ist auf etwas über 100 °C erhitzt, so dass der Zucker im Saft kaum karamellisiert. Das Einkochen macht aus 40 Liter Saft einen Liter Sirup mit einem durchschnittlichen

Zuckergehalt von 65 Prozent und etwa 34 Prozent Wasseranteil. Der Rest sind Mineralstoffe, organische Säuren und Eiweiß. Nach dem Abfiltern der Schwebstoffe – beispielsweise durch Baumwollsiebe – füllt man den Sirup bei einer Temperatur von 82 °C in Gefäße ab und verschließt sie. Beim Abkühlen verringert sich das Volumen des Sirups; es bildet sich ein Vakuum als natürliche Konservierung – wie bei selbst gemachter Marmelade, die kochend heiß ins Schraubglas gefüllt und verschlossen wird.

Farben und Aroma

Je nach Zeitpunkt der Ernte ist der Sirup unterschiedlich gefärbt: Die ersten Liter, die den Bäumen abgezapft werden, bleiben beim Einkochen hell und schmecken milde. Je später die Ernte, desto dunkler und kräftiger wird der Sirup, weil er mehr organische Säuren enthält. Der Mineralstoffgehalt dagegen richtet sich nach der Bodenbeschaffenheit; der Erntezeitpunkt spielt dabei keine Rolle. Heller, hochwertiger Sirup ist in Nordamerika und Kanada besonders beliebt und deshalb am teuersten. Ahornsirup findet nicht nur im Privathaushalt Verwendung, sondern wird auch in der Süßwarenindustrie und zur Herstellung von Suppen und Saucen eingesetzt.

Beim Einkochen wird der Saft zuerst zu Sirup, dann zu einer Creme und schließlich zu streufähigem Zucker. Ahornzucker nimmt man in den Erzeugerländern zum Würzen von Konfekt und Aromatisieren von Tabak.

Ahornsirupgraduierungen

Kanadische Bezeichnung	Lichtdurchlässigkeit	Geschmack	US-Bezeichnung
No. 1 extra light (AA)	75 – 100 %	sehr fein, mild	light amber
No. 1 light (A)	60,5 – 74 %	sehr fein, aromatisch	Grade A medium amber
No. 1 medium (B)	44 – 60 %	aromatisch	Grade A dark amber
No. 2 amber (C)	27 – 43 %	kräftig aromatisch	Grade B
No. 3	max. 27 %	sehr würzig	industrial syrup

13

Ahornsirup und Gesundheit

Wie Honig besteht Ahornsirup vorwiegend aus Zuckermolekülen, die in Wasser gelöst sind. Die organischen Säuren und Mineralstoffe fallen im Vergleich zu Getreide und Obst nicht ins Gewicht. Ahornsirup deckt genauso wenig wie alle anderen Süßmittel unseren Bedarf an Mineralstoffen, Vitaminen und Bioaktivstoffen.

Dennoch hat er einige Pluspunkte:

▶ Er schmeckt köstlich zu Obst und Milchprodukten, auf Vollkornbrötchen und zu Getreideflocken. Alle diese Lebensmittel liefern reichlich komplexe Kohlenhydrate, Ballaststoffe, Vitamine und Mineralstoffe – all die Substanzen, die dem Süßmittel fehlen. Getreide und Obst enthalten außerdem bioaktive Pflanzenstoffe, die für die Gesundheitsvorsorge eine große Rolle spielen. Richtig kombiniert, kann der Sirup also durchaus unser Wohlbefinden steigern, und das nicht nur in kulinarischer Hinsicht.

▶ Ein Löffel Sirup in Joghurt, Kefir oder Quark liefert rasch Energie, wenn Sie sich schlapp fühlen.

▶ Zucker setzt Serotonin im Gehirn frei, das die Entspannung fördert. Ein Glas heiße Milch oder Kräutertee mit Ahornsirup hilft beim Einschlafen.

▶ Dunkler Sirup mit kräftigem Aroma schmeckt sparsam dosiert am besten. So kann man sich an weniger Süßmittel gewöhnen.

▶ Er enthält mehr Kalzium als andere Süßmittel.

Amerikanische Forscher empfehlen Tee aus Blättern und Rinde von Zuckerahorn zum Reinigen von Wunden, zur Stärkung aller inneren Organe und zur Hautpflege.

Ahornsirup in der Küche

Heller Sirup eignet sich für alle kalten und warmen Gerichte, dunkler Sirup mit kräftigem Karamelaroma am besten zum Kochen und Backen. Auf frisch gebackenen, heißen Pfannkuchen oder Waffeln ist der Sirup eine Delikatesse. Außerdem schmeckt er zu herzhaften Salaten, Speckpfannkuchen, Kartoffelpuffern und zur Abrundung in Suppen und Saucen.

Beim Backen eignet er sich genau wie Agavendicksaft (siehe Seite 10 ff.) für alle Teige, die reichlich Feuchtigkeit brauchen. Bestens gelingt Hefeteig, denn Hefe ist eine Ansammlung lebender Organismen, die den Teig biologisch lockern - einfach, indem sie sich vermehren. Dazu brauchen sie Nahrung und Feuchtigkeit. Nahrung findet die Hefe in den Zuckermolekülen des Ahornsirups, der ihnen die notwendige Feuchtigkeit gleich noch mitliefert. Für Biskuit ist er ebenfalls ideal, denn der cremige Teig braucht ein Süßmittel, das sich gut löst und mit den Eiern verbindet.

Ahornsirup statt Zucker

Er süßt stärker als Zucker: Für kalte Gerichte reicht pro Esslöffel Zucker etwa ein halber Esslöffel Sirup. Bei größeren Mengen ersetzen Sie 100 Gramm Zucker durch maximal 75 Gramm Sirup. In Backrezepten müssen Sie auch die Flüssigkeitsmengen beachten: Pro 75 Gramm Sirup sparen Sie ein bis zwei Esslöffel Wasser oder Milch. Angebrochene Ahornsirupflaschen sollten Sie im Kühlschrank aufbewahren und bald aufbrauchen.

In Amerika ist Ahornsirup so beliebt, dass man in Kochbüchern Anleitungen zum Zapfen und Selberkochen von Ahornsaft zu Sirup findet.

Ahorn

Acer saccharum · Familie der Aceraceae · Ahorngewächse

Ahornsirup enthält je 100 g

Kohlenhydrate	66,5 g	Phosphor	5-12,5 mg
Ballaststoffe	—	Eisen	0,1-1,5 mg
Saccharose	59-65,5 g	Mangan	1-8 mg
Fruktose und Glukose	1,4-1,8 g	**Vitamine**	
Natrium	0,1-2,5 mg	Pantothensäure	0,6 mg
Kalium	150-200 mg	Niazin	0,3 mg
Kalzium	40-100 mg	Vitamin B_2 (Riboflavin)	0,006 mg
Magnesium	10-30 mg	1132 kJ/266 kcal	

Dattelsirup

Die Früchte aus Babylon

Damit eine Dattelpalme so viele Früchte trägt, benötigt sie sehr viel Sonne von oben und viel Feuchtigkeit aus dem Boden.

Mit Zuckerrohr, Bananen und Mangos gehören die Datteln zu den ältesten Kulturpflanzen, die den Menschen Süßes liefern. Vermutlich stammen sie aus dem Zweistromland zwischen Euphrat und Tigris. Dort wurden Dattelpalmen bereits vor 5000 Jahren kultiviert und von hier aus haben sie sich im gesamten Trockengürtel zwischen Vorderasien, Iran und Indien ausgebreitet. Das vermutlich älteste Relief von »Pflanzenzüchtern« stammt aus der Regierungszeit des Assyrerkönigs Assurnassirpal II., der von 884 bis 859 v. Chr. regierte. Es zeigt Priester, die Vogelmasken tragen, bei der künstlichen Bestäubung von Dattelpalmen.

Vorbild für die Architektur der Antike

Dattelhaine haben die Phönizier vor 2.500 Jahren in Südspanien angelegt, denn Datteln sind die einzigen Nutzpalmen, die auch in Europa gedeihen.

Dattelpalmen galten immer als besondere Bäume. Ihr Holz eignet sich nicht zum Bauen, und sie lieferten den Baumeistern der Antike zwar nicht das Material, wohl aber die Idee: In der Säulenarchitektur bildete man die schönen schlanken Stämme ab, die sogar der Wind nicht brechen kann. Und weil die Palmen sowohl als weibliche wie männliche Bäume wachsen, lag der Vergleich mit den Menschen nahe: Sie symbolisierten edle Schönheit und reiche Fruchtbarkeit der Frau, große Stärke und heldenhafte Ausdauer des Mannes.

Mit den Füßen im Wasser und dem Kopf im Feuer ...

... wollen Dattelpalmen wachsen, sagen die Araber. Die Bäume brauchen zum Gedeihen reichlich Nässe von unten, aber auch starke

Sonne und trockene Luft. Ihre Wurzeln reichen bis zu sechs Meter in die Tiefe und holen die Feuchtigkeit aus dem Grundwasser oder aus künstlicher Bewässerung. Regen aber stört die Befruchtung und lässt reifende Früchte aufplatzen.

Ein paar Zahlen

Die biegsamen Stämme der Dattelpalmen können eine Höhe von bis zu 30 Meter erreichen; moderne Züchtungen sind allerdings viel niedriger, damit man sie besser abernten kann. Die Baumkrone bilden zahlreiche gefiederte Blätter, jedes vier bis sieben Meter lang, und 10 bis 20 Blütenstände an langen Stielen mit jeweils etwa 200 Beerenfrüchten wie Holunder oder Stachelbeeren. Die einsamigen Früchte sind zylindrisch, etwa fünf Zentimeter lang und können gelb, gelborange, orange oder rot sein.

Eine Dattelpalme liefert pro Jahr 80 bis 100 Kilogramm Datteln und das etwa 70 Jahre lang. Die Dattelpalmen wachsen sehr langsam, die ersten Früchte bringen sie frühestens nach etwa zehn Jahren. Sie erreichen ihr Optimum im 30. Lebensjahr und lassen erst im 100. Jahr nach. Ihr Lebensalter kann ein paar Hundert Jahre betragen.

Frische, getrocknete und gepresste Datteln sind in den Anbauländern Irak, Iran, Marokko und Ägypten ein wichtiges Lebensmittel.

DIE NUTZUNG DER FRUCHTBÄUME

Dattel – Ernte.

LIEBIG'S FLEISCH-EXTRACT.

Bereits um die Jahrhundertwende wurde mit Bildern von der Dattelernte für den Sirup geworben.

17

Natürlicher Anbau

Dattelsirup, den es bei uns in Naturkostläden und Reformhäusern zu kaufen gibt, stammt aus kontrolliert ökologischem Anbau. Die Palmen wachsen mit natürlicher Düngung und ohne Insektizide in der etwa elf Hektar großen Oase in Tunesien. Gegen Insekten schützt man die Früchte mit feinen Baumwollnetzen. Dazwischen lässt man aber auch noch einige Palmen ohne Netze zur freien Verfügung der zuckerliebenden Tiere. Zwischen den Palmen wächst Luzerne als stickstoffreicher Gründünger. Zusätzlicher Dünger alle zwei Jahre sind Kamelmist, Kompost und Sand, der zwischen den Palmen aufgeschüttet wird. Bestäubt und geerntet wird per Hand: In jede weibliche Blütenrispe steckt man drei männliche Blütenzweige und bindet das Ganze mit einem Palmblatt zu. Sobald der Fruchtstand genügend entwickelt ist, sprengt er diese schützende Umhüllung. Die Ernte erfolgt im September und Oktober.

In Indien und Ägypten werden Datteln zu Wein vergoren. Aus Sorten, deren Früchte nicht so gut schmecken, brennt man Schnaps.

Die Nutzung

Seit jeher wurden die Bäume vollständig verwertet: Datteln sind wahre Speicher für den schnellen Energiespender Zucker und den Sattmacher Stärke. Getrocknet und gepresst liefern sie das Grundnahrungsmittel Dattelbrot. Junge Blätter isst man als Palmkohl, ältere verfüttert man an die Tiere, verarbeitet sie zu Seilen und Baumaterial. Die Dattelkerne sind Futter für Kamele, geröstet auch Kaffeeersatz. Aus besonders zuckerreichen Sorten gewinnt man Wein und Sirup.

Herstellung von Sirup

Dattelsirup war im alten Orient das wichtigste Süßmittel. Heute erlebt der aromatische Saft eine Renaissance auch im Westen. Für die Herstellung werden die frisch geernteten Datteln in Wasser eingeweicht. Durch Zentrifugieren entfernt man die Kerne, und jetzt können die Datteln hydraulisch gepresst werden – der Saft fließt aus. Trübstoffe bleiben in Nylonfiltern zurück, durch die der Saft gegossen wird. Das Einkochen des dünnen Saftes zu dickem Sirup erfolgt unter Vakuum in Edelstahlbehältern bei Temperaturen bis zu 80 °C. Aus vier Liter Dattelsaft gewinnt man etwa einen Liter Sirup.

Fruchtige Süße

Dattelsirup eignet sich wunderbar zum Backen, für Desserts, heiße und kalte Getränke. Sie können herzhafte Salate, Suppen, Saucen und Marinaden für Asiengerichte damit würzen. Datteln als Süßmittel waren schon in der alten arabischen Küche beliebt: Die Früchte enthalten viel weniger Flüssigkeit als anderes Obst. Beim Kochen verlieren sie ihr Aroma nicht, sondern schmecken noch süßer.

Sehr zuckerreiche Datteln werden zu Mus zerkleinert, zusätzlich mit Zucker versetzt und als »Dattelhonig« angeboten.

Datteln und Gesundheit

Dattelsirup haben die alten Ägypter als Abführmittel verwendet. Moderne Naturheilkundler empfehlen: zweimal pro Tag sechs Früchte. Ein Glas warmes Wasser danach soll die Wirkung steigern.

Dattel			
Phoenix dactylifera · Familie der Arecaceae (Palmae) · Palmengewächse			
Dattelsirup enthält je 100 g			
Kohlenhydrate	65,2 g	Phosphor	57 mg
Eiweiß	1,85 g	Eisen	1,90 mg
Natrium	35 mg		
Kalium	650 mg	**Vitamine**	
Kalzium	63 mg	Vitamin B_6	0,13 mg
Magnesium	0,15 mg	1122 kJ/264 kcal	
Da die Inhaltsstoffe von Dattelsirup noch im Labor getestet werden, liegen noch nicht alle Angaben vor.			

Zuckerrohr und Melasse

Süßes Gras aus Asien

Zuckerrohr ist wie die Dattelpalme eine der ältesten Kulturpflanzen der Welt.

Zuckerrohr ist eine der wichtigsten Kulturpflanzen und wird heute in den Subtropen und Tropen angebaut. Es stammt aus Südostasien: Etwa 8000 v. Chr. soll es auf Neuguinea angebaut worden, 2000 Jahre später auf die Philippinen, nach Indien und Indonesien gelangt sein. 500 n. Chr. beschreibt ein Hindutext die Herstellung von Zucker aus Rohr, hier ist auch schon die Rede von Melasse, dem dunklen, aromatischen Sirup, der bei der Herstellung von körnigem, hellem Zucker anfällt. Im byzantinischen Reich galt Rohrzucker als Luxusgut aus Indien; durch die arabische Expansion nach Westen und die Eroberung der Iberischen Halbinsel verbreitete er sich im gesamten Mittelmeerraum. Im 15. Jahrhundert etablierten Spanier und Portugiesen die Zuckerindustrie auf den Azoren, Madeira, den Kanarischen und Kapverdischen Inseln. Kolumbus führte das Zuckerrohr 1493 auf Santo Domingo ein. Das kultivierte Rohr ist eine Kreuzung aus vier verschiedenen Sorten mit viel Zucker, aber wenig Abfall und reinem Saft.

Zuckerrohr ist die Zuckerquelle, die politisch, wirtschaftlich und sozial die meisten Umwälzungen bewirkt und noch heute die größte Bedeutung hat.

Zuckerrohr als Energiespender

Zur Zeit der Kreuzzüge haben viele Europäer zum ersten Mal Zuckerrohr kennen gelernt. Für die einen war es begehrte Leckerei, für die anderen überlebensnotwendig. Einer der Teilnehmer berichtete darüber im 11. Jahrhundert: »In den Feldern der Ebene bei Tripolis fand man auch reichlich ein Honigschilf, das sie dort Zucra nennen; die Leute saugten die Rohre mit Wonne aus, freuten sich über den wohltuenden Saft und konnten sich wegen seiner Süßigkeit an diesem Genusse gar nicht ersättigen. An diesem Zuckerrohr hat sich das Volk auch damals während der Belagerung von Elbarieh, Marrah und Arkah sehr erquickt, da es von so fürchterlichem Hunger gequält war.«

Die Pflanze

Das schilfähnliche Gras mit den langen, scharfkantigen Blättern wächst bis zu acht Meter hoch. Es braucht regelmäßige Bewässerung und mag keine starken Temperaturschwankungen: Im feuchtwarmen Klima der Tropen und Subtropen gedeiht es am besten und bringt die höchste Zuckerausbeute. Zuckerrohrhalme sehen wie Bambusstäbe aus, auch sie sind durch Querrippen verstärkt. Das gelbliche oder weiße Mark mit bis zu 20 Prozent Zuckergehalt kann man aus den hell- bis dunkelgrünen oder violetten Fasern schälen, in Stücke schneiden und wie Bonbons lutschen; der austretende Saft schmeckt süß und leicht säuerlich mit einem Hauch von Ananas.

Die Ernte beginnt, wenn die Blätter gelb werden und der Zuckergehalt der Halme auf den höchstmöglichen Gehalt angestiegen ist. Man schlägt die bis zu sieben Zentimeter dick werdenden Halme dicht über dem Boden und verarbeitet sie so rasch als möglich. Denn wie bei Gemüse und Obst setzt auch bei Zuckerrohr nach der Ernte der Abbau von Vitaminen ein, es beginnt, auszutrocknen und kann aufgrund des hohen Zuckergehalts sogar gären.

Frisches Zuckerrohr ist auch hier erhältlich: Sie können es bei Fachhändlern für exotische Früchte und in manchen Asienläden kaufen.

Frisches Zuckerrohr ist eine Delikatesse und kann auch »direkt« verwertet werden.

Frisch gepresst aus dem Rohr

In den Anbauländern gibt es Zuckerrohrsaft wie bei uns Obstsaft frisch gepresst auf der Straße zu kaufen. Zum Auspressen hat man z.B. in Brasilien ein Gerät mit zwei Zahnrädern und elektrischem Antrieb oder Handkurbel, in Indonesien nimmt man eine Presse.

Was ist brauner Zucker?

▶ Weißer raffinierter Zucker – meist aus Zuckerrüben, selten aus Zuckerrohr –, der nachträglich mit Melasse oder geschmolzenem, gebräuntem Zucker wieder braun eingefärbt wird.

▶ Getrockneter und gemahlener Zuckerrohrsaft. Er ist trocken und streufähig und wird meist als Vollrohrzucker bezeichnet.

▶ Kristallisierter, leicht feuchter Rohrzucker, der aus Zuckerrohrsirup zentrifugiert wird. Die gängigen Bezeichnungen sind Rohrohrzucker oder Demerara.

▶ Muscovado wird beim erneuten Kristallisieren des Sirups gewonnen.

▶ Streufähige, aber etwas klebrige Melasse oder Rohrohrzucker, der beim weiteren Kristallisieren aus dem Zuckerrohrsirup entsteht.

▶ Getrockneter und gemahlener Zuckerrübensaft, genauso trocken und streufähig wie weißer Zucker.

Raffinierte Zucker sind quasi chemisch gereinigte Zuckerkristalle, die fast ausschließlich aus Saccharose bestehen.

Süßes aus dem Saft

Unmittelbar nach der Ernte werden die Blätter der Zuckerrohrhalme entfernt, die Halme zerkleinert und zwischen Walzen gepresst, bis der Saft austritt. Die groben Fasern der Halme – Bagasse – nimmt man als Brennmaterial. Der Saft wird gefiltert, mit etwas Kalk geklärt und bei leichtem Unterdruck dick eingekocht. Das Konzentrat lässt man langsam abkühlen und trocknen. Dabei bilden sich große, feste Kristalle, die gemahlen und wie weißer Zucker in Portionspackungen abgefüllt werden. Vollrohrzucker enthält fast alle Bestandteile des Zuckerrohrs, also auch die Melasse.

Vielfalt der Namen

Vollrohrzucker und Demerara bekommen Sie in Naturkostläden und Reformhäusern. Die Produkte haben wie viele andere Süßmittel keinen einheitlichen Namen und wechseln je nach Hersteller.

Rohrzucker und die Gesundheit

Mineralstoff- und Vitamingehalt sind im Vergleich zu anderen Süßmitteln recht hoch, weil Vollrohrzucker noch viele Inhaltsstoffe des Zuckerrohrs enthält. Trotzdem eignet sich Rohrzucker nicht zur Bedarfsdeckung mit Mineralstoffen und Vitaminen.

Rohrzucker in der Küche

Alles gelingt mit Rohrzucker so gut wie mit weißem Zucker. Nur zum Schmelzen für Karamel brauchen Vollrohrzucker und Demerara etwas länger. Die Zuckersorten schmecken mild, ein wenig nach Karamel und nicht ganz so süß wie weißer Zucker. Sie passen zu allen süßen und herzhaften Gerichten, eignen sich vor allem hervorragend zum Backen und für Getränke.

Nur die Kombination von wenig Süße mit vielen ballaststoffreichen Lebensmitteln wie Vollkorngetreide, Obst und Gemüse liefert uns die Nähr- und Wirkstoffe, die wir für unsere Gesundheit brauchen.

Zuckerrohr

Saccharum officinale · Familie der Poaceae (Gramineae) · Süßgräser

Rohrzucker, getrockneter, gemahlener Zuckerrohrsaft enthält je 100 g

Kohlenhydrate	95 g	Kalzium	70 mg	**Vitamine**	
Ballaststoffe	—	Magnesium	85 mg	Provitamin A	3,90 mg
Saccharose	82 g	Phosphat	32 mg	Vitamin B_1 (Thiamin)	0,14 mg
Fruktose	8 g	Eisen	25 mg	Vitamin B_2 (Riboflavin)	0,14 mg
Glukose	7 g	Zink	2 mg	Vitamin B_6 (Pyridoxin)	1,8 mg
Natrium	90 mg			Vitamin C	38 mg
Kalium	750 mg			1547 kJ/370 kcal	

Melasse

Das Endprodukt der »natürlichen« Zuckerproduktion durch Eindampfen und Zentrifugieren wie auch der industriellen Zuckerraffination ist Melasse, eine streichfähige dunkelbraune, fast schwarze Paste mit intensivem Eigengeschmack. Denn Melasse enthält nahezu alle Inhaltsstoffe des Zuckerrohrs. Nur die Vitamine bleiben beim langen Erhitzen und Eindampfen des Sirups so ziemlich auf der Strecke. Melasse fällt bei der Rüben- und der Rohrzuckerproduktion an. Rübenmelasse schmeckt so streng, dass sie nur als Futtermittel oder Nährsubstrat für Hefe bei der Alkoholgewinnung verwendet wird. Melasse aus Zuckerrohr ist seit Jahrhunderten der Grundstoff für Rum und ein wichtiges Süßmittel – früher viel preiswerter als weißer Zucker, heute aufgrund der Vorliebe für alternative Produkte etwa so teuer wie Honig. Beim ersten Kosten fällt der leicht bittere Geschmack mit einem Hauch Lakritze auf.

Golden Syrup wird in England häufig für Süßspeisen, Pfannkuchen und Gebäck verwendet. Ursprünglich helle Melasse aus dem ersten Zuckerrohrsud, ist es heute gewöhnlich Sirup aus raffiniertem Rübenzucker mit etwas Zuckerrohrsirup für die Farbe.

Drei Arten von Melasse

Beim ersten Kochen und Zentrifugieren des Zuckerrohrsaftes bleibt helle Melasse zurück, die am meisten Zuckerkristalle enthält. Gewinnt man daraus noch mal Zucker, ist die Melasse noch konzentrierter, dunkler und aromatischer. Je häufiger der Sirup für weiteren Zucker »ausgekocht« wird, desto dunkler wird er. Beim dritten Kochen des Sirups entsteht dunkle Melasse – in den USA »blackstrap« vom holländischen »stroop« für »Sirup« genannt. Diese Melasse enthält sehr wenig Zucker, aber die meisten Mineralstoffe und schmeckt streng wie Medizin. Sie eignet sich zum Süßen von Getränken und aufgelöst in Wasser, wenn man auf die Heilwirkung von Melasse vertraut.

Ökologische Melasse

Die beste Melasse stammt von sonnengereiftem Zuckerrohr, das nach 12 bis 15 Monaten geerntet wird. Im Naturkosthandel gibt es Melasse

24

aus kontrollierter Erzeugung von Plantagen in Paraguay. Biomelasse schmeckt etwas milder, enthält um die Hälfte weniger Natrium, dafür die doppelten Mengen an Magnesium und Eisen.

Melasse in der Medizin

Noch im 18. Jahrhundert wurde Melasse in Europa ausschließlich von Apothekern verkauft. Man mischte sie mit Arzneimitteln, um deren Geschmack zu verbessern. Außerhalb der zuckerproduzierenden Länder galt sie als Heilmittel: Melasse sollte Bronchien und Luftröhre bei Verschleimung reinigen, Brustbeschwerden lindern, einen trägen Darm auf Trab bringen, die Haut pflegen und die Nerven beruhigen. Es sind Wirkungen, wie man sie auch dem Honig zuschreibt.

Manches davon könnte durch die Forschung bestätigt werden; seit etwa zehn Jahren beschäftigt man sich verstärkt mit den Stoffen in Lebensmitteln, die keinen »Nährwert« haben, dem Körper also weder Kohlenhydrate und Fett für den Energienachschub noch Eiweiß für den Zellaufbau liefern. Trotzdem spielen diese »plant chemicals« oder »Bioaktivstoffe« eine große Rolle für unsere Gesundheit.

Das Wort Melasse kommt vom lateinischen »mel« für Honig – Hinweis auf die honigartige Konsistenz des Sirups. Mit der Ableitung »mellaceum« bezeichneten die Römer dicken, süßen Traubensaft. Der Begriff wanderte später als »melaco« ins Portugiesische und über das englische Wort »molasses« ins Deutsche.

Aufgrund ihrer Bioaktivstoffe ist Melasse heute eine wertvolle Substanz in der Medizin.

Was Melasse vermutlich kann

▶ Beruhigen: Der Zucker in Melasse setzt Serotonin im Gehirn frei, das die Entspannung fördert. Ein Glas Milch oder Kräutertee mit Melasse ist ein guter Schlaftrunk.

▶ Die Stimmung heben: Auch das hängt mit Serotonin zusammen. Je mehr davon im Blut kreist, desto besser fühlen wir uns.

▶ Bakterien abtöten: Manche Forscher schreiben die antibakterielle Wirkung dem Zuckergehalt zu. Zucker bindet das Wasser, das die Mikroorganismen zum Leben brauchen.

▶ Die Lust an Süßem senken: Melasse schmeckt weit intensiver als weißer Zucker. Studien haben ergeben, dass man deshalb mit alternativen, aromatischen Süßmitteln unbewusst viel sparsamer umgeht. Das nützt den Zähnen und der schlanken Linie.

▶ Die Haut pflegen: Melasse enthält Pantothensäure, die den Hautstoffwechsel fördert.

▶ Das Abhusten von Schleim bei Erkältung erleichtern: Auch dabei spielt Pantothensäure eine Rolle, denn sie stärkt über komplizierte Stoffwechselprozesse die Widerstandskraft der Schleimhäute.

▶ Die Eisenversorgung unterstützen: Besonders dunkle Melasse enthält mehr von diesem blutbildenden Mineralstoff als jedes andere Süßmittel. Mischen Sie Zitronen- oder Orangensaft mit Melasse: so kombiniert mit Vitamin C, kann der Körper das Eisen auch verwerten.

▶ Die Verdauung in Schwung bringen: Organische Säuren sollen die Darmmotorik anregen. Wahrscheinlicher ist aber, dass Melasse nur indirekt hilft, weil man sie gewöhnlich mit ballaststoffreichen Lebensmitteln kombiniert.

Melasse süßt stärker als herkömmlicher Haushaltszucker – so kann man leicht überflüssige Kalorien einsparen.

Melassemärchen

Es gibt eine Reihe von Melassefans, die so ziemlich jedes Zipperlein mit schwarzer Melasse heilen wollen – von Arthritis bis zur Uterusgeschwulst. Für keine dieser Heilwirkungen werden Belege genannt, die man nachprüfen kann. Geradezu zynisch klingt die Schlussfolgerung, Melasse sei wirksam gegen Krebs, weil schwarze Sklaven auf

Zuckerrohrplantagen, die sich überwiegend von Melasse ernährt haben, eine starke Immunität gegen Krebs gezeigt hätten. Den meisten schwarzen Plantagenarbeitern blieb gar keine Zeit für ein Leiden, das sich wie sehr viele Krebsarten langsam entwickelt. Ihre Lebenserwartung aufgrund der oft unmenschlichen Arbeitsbedingungen war einfach zu gering. Wer krank wurde, fiel als Arbeitskraft aus und wurde durch den nächsten Sklaven ersetzt. Die Ursachen von Krankheit und Tod interessierten niemanden, medizinische Betreuung gab es gewöhnlich nicht und eine Krebsforschung im modernen Sinn schon gar nicht. Gewiss haben schwarze Sklaven und Tagelöhner viel Melasse gegessen – notgedrungen, denn als Abfallprodukt bei der Zuckerherstellung stand sie reichlich zur Verfügung und war Hauptbestandteil ihrer Lebensmittelration. Man kann das noch heute an vielen karibischen und kreolischen Gerichten erkennen: Wenn Melasse verwendet wird, stammt das Essen aus der ehemaligen Sklavenküche.

Melasse in der Küche

Am besten schmeckt sie in allen kräftigen Speisen – Lebkuchen, vollwertigen Kuchen mit Hafermehl, Roggenbrot, Plätzchen zu herbem Tee (siehe Seite 66), dunklen Saucen und deftigen Glasuren zu Schweinefleisch oder Gans. Feine Desserts und helles Gebäck vertragen sich nicht so gut mit Melasse: Der Sirup schmeckt leicht vor und färbt das Essen dunkel. Wer den strengen Geschmack von Melasse mildern möchte, mischt mit Agavensirup.

Brot, Honigkuchen und Gebäck aus Hefe- oder Rührteig halten sich mit Melasse länger frisch. Im Teig nimmt man pro 50 Gramm Melasse etwa einen Esslöffel weniger Flüssigkeit.

Melasse			
Melasse enthält je 100 g			
Kohlenhydrate	50 g	Natrium	10 mg
Ballaststoffe	—	Magnesium	193 mg
Saccharose	32,1 g	Eisen	21,5 mg
Fruktose und Glukose	17,9 g	1227 kJ/287 kcal	

Zuckerrüben und Kraut

Wurzeln als Zuckerspeicher

Erst im 16. Jahrhundert entdeckte man den hohen Zuckergehalt der Zuckerrüben, der identisch mit dem Rohrzucker ist.

Pastinaken, Möhren, Rote Bete und Mairübchen schmecken süß. Sie gehören zwar zu unterschiedlichen Pflanzenfamilien, doch gemeinsam ist ihnen die fleischige Wurzel – ein regelrechter Speicher mit viel Zucker. So können sich die Pflanzen mit der Vermehrung über den Winter Zeit lassen, bis das Klima im Frühling günstig ist. Die Menschen machen sich das seit Jahrtausenden zunutze: Wurzeln sind typische Wintergemüse, die durch den hohen Zuckergehalt einen großen Teil der Energie liefern, die man in der kalten Jahreszeit so notwendig braucht.

Süße Rüben

Bei den Speiserüben unterscheidet man je nach Erntezeitpunkt Mai- und Herbstrüben. Sie erinnern im Geschmack an Rettich oder Kohlrabi.

Eine dieser Wurzeln gilt als wilde Vorfahrin der Zuckerrübe. Bei Ausgrabungen einer Küstensiedlung in Nordholland hat man die bisher frühesten Hinweise auf Rüben als Lebensmittel gefunden, etwa 4000 Jahre alte Reste einer Meeresstrandrübe, die auch heute noch wild vorkommt. Diese »Beta vulgaris ssp. maritima« ist sicher nicht angebaut, sondern nur gesammelt worden. Die nächste Nachricht ist fast 1300 Jahre jünger und stammt aus Babylon, dem heutigen Irak. In der Pflanzenliste der königlichen Gärten taucht eine Rübe auf, die man durch Vergleiche mit griechischen Texten als eine Verwandte der Zuckerrübe identifizieren konnte. Der griechische Gelehrte Theophrast (371-287 v. Chr.) beschrieb sie als lange, fleischige Wurzel mit süßem Geschmack. Er unterschied bereits Gemüserüben von Rüben mit süßem Saft.

Den ausgepressten und eingekochten Saft verschiedener Rüben hat man im antiken Griechenland anstelle von kostbarem Honig verwendet.

28

Die Rüben des Apothekers

Aus der Meeresstrandrübe hat sich die Runkelrübe entwickelt, die Ende des 16. Jahrhunderts im Rheinland angebaut wurde – vermutlich als qualitativ hochwertiges Winterfutter fürs Vieh. Die Futterrüben wanderten in andere Regionen, nach Prag, Wien, Ungarn und nach Schlesien. Dort analysierte der Apotheker Andreas Sigismund Marggraf einige Rüben auf ihren Zuckergehalt. Bei der weißen oberschlesischen Runkelrübe fand er beachtliche Mengen und entdeckte, dass der Rübenzucker chemisch identisch mit dem begehrten Rohrzucker aus Übersee war. 1747 empfahl Marggraf diese Rüben als Zuckerquellen: In Süßkraft und Geschmack dem Zuckerrohr gleichwertig, dabei weniger anfällig für politische Verwicklungen. Marggraf zog aus seinen Forschungen keinen wirtschaftlichen Nutzen. Erst 40 Jahre später begann sein Schüler Franz K. Achard mit groß angelegten Versuchen, den Zuckergehalt der Rüben durch züchterische Auswahl zu steigern. Friedrich der Große lobte die Versuche als »von höchster Wichtigkeit für das Staatsinteresse«. Damals hatten Aufstände schwarzer Sklaven in San Domingo, dem Zentrum der Rohrzuckerproduktion, für einen drastischen Anstieg der Zuckerpreise gesorgt.

Im Gegensatz zu den Babyloniern oder Griechen entdeckten die Europäer erst vor etwa 250 Jahren, dass die Rüben ausgezeichnete Zuckerlieferanten sind.

Zuckerrüben sind Wintergemüse. Ihr Zuckergehalt liegt zwischen 15 und 20 Prozent.

Und 20 Jahre später sollte der Nachschub überhaupt ausbleiben (siehe Kasten Seite 31). Man folgte dem Beispiel schlesischer Bäuerinnen, die Rüben seit jeher zu Sirup gekocht hatten, und begann mit der Zuckerproduktion. Die »Halberstadter Mangoldrübe« trägt um 1800 erstmals den Namen »Zuckerrübe«, und etwa 50 Jahre später isst jeder Deutsche im Durchschnitt etwa ein Kilogramm Rübenkraut.

Rüben für den Norden

Als hätte es die Natur eigens zugeteilt: Dort, wo das tropische Zuckerrohr nicht mehr wächst, gedeihen Zuckerrüben besonders gut. Die gemäßigten Zonen Europas, Asiens und Amerikas bieten ideale Bedingungen für den Anbau. Denn je kühler das Klima, desto mehr Zucker enthalten die Rüben – übrigens die größte Menge von allen Rüben: Von den 17 bis 25 Gramm Kohlenhydraten pro 100 Gramm Rübe entfallen bis zu 20 Gramm auf Zucker. Zuckerrüben gehören zur selben Familie wie rote Bete und Mangold. Die Rüben sehen aus wie ein langer Rettich: Vom breiten »Kopf« mit den großen Blättern verjüngt sich der Fruchtkörper nach unten bis zum dünnen Wurzelende. Das Fruchtfleisch der Rübe baut sich ringförmig auf, liegt quasi wie in Scheiben aufeinander. Interessant sind nur »Hals« und Wurzelkörper der Rübe, die vom siebten bis zwölften dieser Ringe reichen – dort konzentriert sich der Zuckergehalt. Bei der Ernte bricht das zuckerarme Wurzelende ohnehin häufig ab, der zuckerarme »Kopf« und die Blätter werden gleich entfernt. Diese Teile bleiben als Dünger zurück oder werden zu Viehfutter.

Zuckerrüben werden vollständig verwertet: Reste aus der Zuckergewinnung dienen als Viehfutter und für die Bodendüngung.

Dreimal Süßes

Der Zuckergehalt erntereifer Zuckerrüben beträgt zwischen 15 und 17 Prozent, bei günstigem Klima kann er bis 20 Prozent ansteigen. Aus den Rüben gewinnt man drei Süßmittel: normalen weißen Zucker, unraffinierten braunen Zucker und streichfähiges dunkles Rübenkraut. Weißzucker und Kraut bekommen Sie im Supermarkt, braunen Rübenzucker bis jetzt nur im Naturkostladen und Reformhaus.

Das Kraut zum Schmalz

Rübenkraut als Name für den Sirup taucht erstmalig Anfang des 18. Jahrhunderts in einem Nürnberger Wirtschaftsbuch auf. Der Name ist im Laufe der Zeit gewandert: Von den fein geschnittenen Blättern der Rüben, die man als Gemüse zubereitet hat, über die fein geschnittenen Rüben, dem Ausgangsprodukt des dicken Saftes, und bezeichnete schließlich den Saft selbst.

Noch heute bekommt man übrigens in Bayern mit viel Glück noch richtiges Rübenkraut: Weiße Rüben oder Herbstrüben werden geschält und grob geschnitten, wie Sauerkraut milchsauer eingelegt und so über den Winter haltbar gemacht. Es wird am besten deftig zubereitet, entweder mit Schweinsfüßen, Räucherspeck oder einfach mit Schmalz gekocht.

Rübenstil oder Stielmus heißen die Blätter verschiedener Speiserüben, die man wie Gemüse zubereitet: Die dicken, fleischigen Stiele würfelt und schmort man genau wie die Rübenknollen, die grünen Blattteile dünstet man wie Spinat.

Historisches zum Rübenzucker

Mit der Blockade Napoleons I. gegen England war der Nachschub von Zuckerrohr aus Übersee unterbrochen. Denn britische Schiffe brachten den Rohzucker nach England, wo er raffiniert und dann auf den Kontinent exportiert wurde – gegen Ende des 16. Jahrhunderts entwickelte sich London zum wichtigsten Raffineriezentrum Europas. Am 21. November 1806 war das vorerst vorbei: Der französische Kaiser verhängte ein Handelsembargo gegen England, das auch den Import von Zucker untersagte. Zwanzig Jahre zuvor war es jedoch schon gelungen, Zucker aus Rüben zu gewinnen und besonders zuckerreiche Rüben zu züchten. Die Produktion von Rübenzucker war allerdings noch zu teuer, und als mit Napoleons Sturz 1813 die Blockade aufgehoben wurde, kauften die Leute erneut die wieder erhältliche Kolonialware Rohzucker.

Doch die Zuckerrübe lag dank Napoleons unfreiwilliger Unterstützung noch immer im Trend. Ausgerechnet in Frankreich wurden rentable Sorten gezüchtet und die Technologie so verbessert, dass raffinierter weißer Rübenzucker heute knapp 40 Prozent der weltweiten Zuckerproduktion ausmacht. Unraffinierten braunen Rübenzucker gibt es im Naturkostladen und Reformhaus zu kaufen.

Herstellung

Es dauert etwa 100 Tage, bis aus den Rüben der süße Sirup geworden ist: Die Ernte beginnt Mitte September. Von jeder Lieferung an die Fabrik werden einige Rüben im Labor auf ihren Fruchtzuckergehalt untersucht. Die Mengen müssen bei 15 bis 20 Prozent liegen, je nach Erntejahr und Klima.

Nach dem Reinigen und Zerkleinern füllt man die Rübenstücke zum Dämpfen in große Behälter – ähnlich wie Dampfdruck-Kochtöpfe. Bei einer Temperatur von circa 100 °C bleiben sie im Schnitt acht Stunden unter Druck.

In der Lebensmittelindustrie wird Rübenkraut für Lebensmittel wie Pumpernickel, Medikamente wie Hustensaft und Süßigkeiten wie Lakritz verwendet.

Der nächste Verarbeitungsschritt ist das Pressen. Der Rübensaft kommt nun in sogenannte Separatoren, wo er durch Schleudern nochmal von allen Fremdstoffen gereinigt wird. Beim Einkochen unter Vakuum verliert der Saft eine Menge Wasser, wird zu dickflüssigem Sirup. Vakuum ist notwendig, denn durch den Luftausschluss bleiben die Vitamine besser erhalten.

Als letzter Arbeitsgang folgt das Abfüllen in Becher, Gläser oder Eimer – aus einer Menge von 40.000 Tonnen Rüben sind 8.000 Tonnen Sirup übrig geblieben.

Verwendung

Rübenkraut können Sie süß und herzhaft zubereiten
▶ als Brotaufstrich wie Konfitüre
▶ in Marinaden und Glasuren für Geflügel und Schweinefleisch
▶ in Schmorgerichten mit Geflügel
▶ im Kuchenteig statt Honig
▶ als Beilage zu Waffeln, Reibekuchen und Speckpfannkuchen
▶ als Süßmittel für Desserts, Obstsalat und Müsli
▶ als Würze für Salatdressing, dunkle Saucen zu Fleisch und Wild.
Trocken und bei Zimmertemperatur gelagert, hält sich Zuckerrübenkraut etwa drei Jahre.

Ob als Brotaufstrich oder zu Müsli; die Verwendungs-möglichkeiten von Rüben-kraut sind vielfältig.

Spezialitäten

Das Rübenkraut gehört im Norden und Westen Europas noch heute zu den beliebten Süßmitteln für Gerichte mit Tradition. Einige klassische Beispiele:

▶ Lebkuchen, Aachener Printen und Hamburger Braune Kuchen sind typisches Rübenkrautgebäck.

▶ Im Bergischen Land belegt man Schwarzbrot mit Kartoffelpuffern und träufelt Rübenkraut darüber.

▶ In Mecklenburg kommt Rübenkraut aufs Schmalzbrot.

▶ In Schleswig-Holstein kocht man dunkle Mehlsauce mit Speck, Zwiebeln und Rübenkraut zu Mehlklößen.

▶ Zum Süßen von Haferflockenkeksen wird in Schweden häufig Rübenkraut verwendet.

▶ In Norwegen legt man rohen Schinken zum Räuchern zuerst in eine Pökellake mit Zuckerrübenkraut.

▶ In Holland süßt man weiße Speckbohnen mit dem Kraut.

▶ Die dunkle Sauce zu Rheinischem Sauerbraten bekommt ihr Aroma nicht nur durch Rosinen, sondern auch durch Lebkuchen oder Saucenprinten und Zuckerrübenkraut.

Zur Bergischen Kaffeetafel gehören Scheiben von Korinthenstuten mit Butter und Rübenkraut, gekrönt von Milchreis mit Zimtzucker.

Selbst gemachtes Rübenkraut von 1890

Wie vor gut 100 Jahren Rübenkraut eingekocht wurde, können Sie diesem Rezept aus einem alten Kochbuch entnehmen: »Man wäscht und putzt die nöthige Menge recht reifer, guter Zuckerrüben, schneidet den Kopf und die Wurzeln ab und legt sie in einen Backofen, um sie darin völlig weichbacken zu lassen – weniger zu empfehlen ist das Verfahren, sie in Wasser weich zu kochen. Nach dem Erkalten werden sie von der äußeren harten Schale befreit, zerstampft oder zerrieben, in einen Kessel gethan und unter beständigem Rühren dicklich gekocht, dann nochmals durch ein Sieb passiert und weiter zu einem völlig steifen Mus eingedickt, das sehr an Wohlgeschmack gewinnt, wenn man etwas eingekochte Johannisbeeren oder Sauerkirschen zusetzt. Sobald das Mus steif zu werden beginnt, erhalte man nur sehr schwaches Feuer, gebe wohl acht, dass das Rübenkraut nicht anbrennt.«

Noch im 2. Weltkrieg haben die Frauen Rübenkraut selber gekocht – heute ist diese Schwerarbeit zum Glück nicht mehr nötig.

Wichtiger Energiespender in Notzeiten

Kartoffeln, Rübenkraut und Brot waren noch im 19. Jahrhundert Grundnahrungsmittel der »ärmeren Klassen«, wie es in den Jahrbüchern der Handelskammer Köln heißt. Auch in den reichen Bürgerhäusern aßen es gewöhnlich die Dienstboten, während die »Herrschaft« mit Rohrzucker, Honig und Obstkraut süßte. Das änderte sich in Notzeiten: Nach beiden Weltkriegen wurde selbst gekochtes Rübenkraut für alle Schichten ein begehrter Energiespender. Die heimische Produktion war in jeder Hinsicht stundenlange Schwerstarbeit, wie man sich heute kaum noch vorstellen kann. Zuerst »hamsterten« die Frauen beim Bauern Zuckerrüben, transportierten sie auf dem Fahrrad, im Leiterwagen oder sogar im Rucksack nach Hause. Dort wurden die Rüben sauber gebürstet, in kleine Schnitzel geschnitten und im Waschkessel weich gekocht. Den Sud ließ man zuerst durch ein Sieb, dann durch ein Tuch laufen und kochte ihn zu Sirup ein – ähnlich wie im Haushaltsbuch von 1890 beschrieben.

Rübenkraut und die Gesundheit

Wie alle Süßmittel liefert das Kraut die reichlichen Kohlenhydrate ausschließlich in Form von süßem Zucker. Stärke für unsere Energiespeicher und Ballaststoffe für eine gute Verdauung enthalten nur die Rüben, nicht der Sirup. Der Mineralstoffgehalt ist im Vergleich zu anderen Süßmitteln ziemlich hoch, der Vitamingehalt eher gering. Das Eisen im Kraut kann der Körper mit Vitamin C kombiniert am besten verwerten.

Deshalb hier ein paar Gesundheitstipps:

▶ Hagebutten- oder Malventee mit Rübenkraut süßen

▶ Obstsalat mit Rübenkraut süßen

▶ ins Müsli eine zerkleinerte Orange oder Mandarine mischen

▶ Rübenkraut als Brotaufstrich mit einem kräftigen Schuss frisch gepresstem Orangensaft würzen

▶ Rübenkraut als Beilage zu Waffeln, Kartoffelpuffern oder Speckpfannkuchen mit Zitronensaft aromatisieren

▶ Salatsauce mit Rübenkraut und frischer Petersilie mischen

▶ Früchtequark und Joghurt mit Rübenkraut süßen und mit dem Saft von Orangen, Clementinen oder Limetten abschmecken.

Frischen und eingekochten Rübensaft nahm man in der Antike als Heilmittel bei Darmbeschwerden und bei Haarausfall. Klosterrezepte verordnen Rübensaft mit Honig gegen Katarrh.

Zuckerrübe

Beta vulgaris var. altissima · Familie der Chenopodiacea · Gänsefußgewächse

Zuckerrübenkraut enthält je 100 g

Kohlenhydrate	64,5 g	Kalzium	18 mg
Ballaststoffe	—	Magnesium	90 mg
Saccharose	31,9 g	Phosphor	280 mg
Fruktose	16,1 g	Eisen	13 mg
Glukose	16,5 g	**Vitamine**	
Natrium	90 mg	Vitamin B_6	1,8 mg
Kalium	800 mg	1122 kJ/264 kcal	

Rezepte

Salate, Suppen und Snacks

Süßscharfer Kohlrabisalat

Für 4 Portionen

500 g kleine Kohlrabiknollen · 1 grüne Chilischote · 1 Bund Schnittlauch
4 Stängel Koriandergrün · Salz · frisch gemahlener weißer Pfeffer
1 EL Agavendicksaft · 1 EL Apfelessig · 2 EL Erdnussöl

⏱ **Zubereitungszeit** 20 Minuten

1 Die Kohlrabiknollen schälen und auf der Gemüsereibe in Stifte hobeln. Die Chilischote halbieren und die Kerne entfernen. Die Schote kalt abspülen, trockentupfen und in feine Streifen schneiden. Den Schnittlauch in feine Röllchen schneiden, das Koriandergrün fein zerkleinern. Alle diese Zutaten mischen. **2** Etwas Salz und Pfeffer mit Agavendicksaft, Essig und dem Erdnussöl kräftig verrühren und den Salat damit mischen.

▶ **Pro Portion** *480/115 kJ/kcal · 3 g Eiweiß · 5 g Fett · 14 g Kohlenhydrate · 2 g Ballaststoffe · 106 mg Kalzium · 2 mg Eisen · 515 mg Kalium · 62 mg Magnesium · 0 mg Cholesterin*

Wintersalat

Für 4 Portionen

1 Saftorange · 1 EL Ahornsirup · 1/2 TL Harissa · 2 EL Joghurt
2 EL Sonnenblumen- oder Erdnussöl · 1 mittelgroßer Kopf Chinakohl
1 großer Apfel · 2 große Möhren · 2 EL TK-Salatkräuter
1 EL Kürbiskerne, Mandelstifte oder gehackte Walnusskerne · Salz

Ob Melasse, Dattelsirup, Agavendicksaft, Zuckerrohr oder Ahornsirup – alle verleihen Speisen eine unverwechselbare Geschmacksnote.

Streuen Sie zarte junge Kohlrabiblättchen zum Schluss fein gehackt über den Salat. Das Grün enthält noch mehr Magnesium und Vitamine als die Kohlrabiknolle.

🕐 **Zubereitungszeit** 15 Minuten

1 Für das Dressing die Orange auspressen, den Saft mit Ahornsirup, Harissa, Joghurt und Öl verrühren. **2** Den Chinakohl putzen, waschen und in feine Streifen schneiden. Den Apfel schälen oder waschen, vierteln, vom Kerngehäuse befreien und in kleine Würfel schneiden. Die Möhren schälen und grob raspeln. **3** Alle diese Zutaten mit Dressing, Salatkräutern und Kernen mischen. Mit wenig Salz abschmecken.

▶ **Pro Portion** *610/146 kJ/kcal · 3 g Eiweiß · 6 g Fett · 19 g Kohlenhydrate · 5 g Ballaststoffe · 105 mg Kalzium · 2,5 mg Eisen · 460 mg Kalium 54 mg Magnesium · 0 mg Cholesterin*

Apfeldressing

Für 6 Portionen

1 Aufgussbeutel Apfeltee · 1 kleiner säuerlicher Apfel · 2 EL ungesüßter Apfelsaft · 2 EL Apfelessig · 1 TL Senf · 1 TL Ahornsirup · Salz frisch gemahlener weißer Pfeffer · 1 TL Erdnuss- oder Walnussöl 1/2 Bund Petersilie

🕐 **Zubereitungszeit** 15 Minuten

1 Den Teebeutel mit 125 Milliliter kochendem Wasser übergießen, 10 Minuten ziehen lassen und den Beutel wieder herausnehmen. **2** Den Apfel vierteln, schälen und vom Kerngehäuse befreien. Das Fruchtfleisch fein raspeln. Mit Tee, Apfelsaft, Essig, Senf, Ahornsirup, Salz, Pfeffer, Öl und gehackter Petersilie mischen.

Tipp Für ein Minzedressing verwenden Sie einen Pfefferminzteebeutel und statt Petersilie frische Minze.

Das Dressing passt gut zu Gemüsecarpaccio, Möhren- und Fenchelsalat. In einem Schraubglas hält es sich gekühlt etwa zwei Tage.

▶ **Pro Portion** *100/24 kJ/kcal · 0 g Eiweiß · 1 g Fett · 3 g Kohlenhydrate 1 g Ballaststoffe · 14 mg Kalzium · 1 mg Eisen · 44 mg Kalium · 8 mg Magnesium · 0 mg Cholesterin*

Süßscharfe Sauerkrautsuppe

Für 4 Portionen

1 kleine Zwiebel · 1 Knoblauchzehe · 300 g Sauerkraut· 1 EL Öl

0,75 l Tomaten- oder Gemüsesaft · 1 TL gekörnte Gemüsebrühe

1 EL Zuckerrübenkraut · 1–2 TL Harissa · 100 g frische Ananas

Kräutersalz · 1 EL gehackte Petersilie

🕐 **Zubereitungszeit** 25 Minuten

Harissa ist eine in den arabischen Ländern beliebte Paste aus getrockneten Chillies, Knoblauch und Kreuzkümmel. Ein möglicher Ersatz ist Cayennepfeffer.

1 Die Zwiebel und den Knoblauch abziehen und fein hacken. Mit dem Sauerkraut im heißen Öl bei mittlerer Hitze unter Rühren anbraten, bis die Zwiebel glasig ist. **2** Saft, 250 Milliliter Wasser, Gemüsebrühe, Zuckerrübenkraut und Harissa zugeben, aufkochen und die Suppe zugedeckt bei schwacher Hitze 15 Minuten garen. **3** Die Ananas in sehr kleine Würfel schneiden und in der Suppe erhitzen. Mit Salz abschmecken und mit der gehackten Petersilie bestreut sehr heiß servieren.

▶ **Pro Portion** *345/82 kJ/kcal · 2 g Eiweiß · 3 g Fett · 10 g Kohlenhydrate 4 g Ballaststoffe · 73 mg Kalzium · 1 mg Eisen · 556 mg Kalium · 33 mg Magnesium · 0 mg Cholesterin*

Durch die Zugabe von Ananas und Zuckerrübenkraut bekommt die kräftige Sauerkrautsuppe eine milde Note.

Hafermüsli mit Weintrauben

Für 4 Portionen

150 g Vollkornhaferflocken · 500 ml Buttermilch · 150 g Joghurt (3,5 %)
2 EL süße Sahne · 1–2 EL Agavendicksaft · 600 g Weintrauben
50 g Korinthen · 100 g gehackte Walnusskerne · 1 EL Schokoladenraspel

🕐 **Zubereitungszeit:** 30 Minuten

1 Die Haferflocken mit Buttermilch, Joghurt, Sahne und Agavendicksaft verrühren und zugedeckt quellen lassen. **2** Die Weintrauben waschen, halbieren und die Kerne entfernen. Mit den Korinthen und den Walnüssen unter die Flockenmischung rühren. Mit Schokoladenraspel bestreut servieren.

▶ **Pro Portion** *2006/480 kJ/kcal · 16 g Eiweiß · 12 g Fett · 71 g Kohlenhydrate · 7 g Ballaststoffe · 263 mg Kalzium · 4 mg Eisen · 857 mg Kalium 130 mg Magnesium · 14 mg Cholesterin*

Essen Sie am besten Vollkornhaferflocken. In Produkten aus ganzen Haferkörnern sind Glukane enthalten, eine bestimmte Gruppe von Ballaststoffen, die viel für die Gesundheit tun. Beispielsweise stärken sie das Immunsystem und senken den Cholesterinspiegel.

Käsewaffeln mit Sirup

Für 4 Portionen

200 g Mehl · 250 ml Milch · 75 g saure Sahne · 2 Eier · 100 g geriebener Hartkäse · 1 EL Sesamsamen · 2 TL Thymian · Salz · schwarzer Pfeffer Fett für das Waffeleisen · Zuckerrübenkraut zum Beträufeln

🕐 **Zubereitungszeit:** 40 Minuten

1 Das Mehl mit der Milch, saurer Sahne, Eiern, Käse, Sesam, Thymian, Salz und Pfeffer verrühren. **2** Die Backflächen des Waffeleisens fetten. Jeweils etwa 1 1/2 Esslöffel Teig hineingeben und 3 bis 4 Minuten backen. Waffeln heiß mit Zuckerrübenkraut beträufelt servieren.

▶ **Pro Portion** *1865/446 kJ/kcal · 19 g Eiweiß · 21 g Fett · 41 g Kohlenhydrate · 5 g Ballaststoffe · 415 mg Kalzium · 4 mg Eisen · 394 mg Kalium · 78 mg Magnesium · 30 mg Cholesterin*

Brote und Brötchen

Brot mit Rübenkraut

Für 30 Scheiben

2 EL Instantkaffee · 125 ml Milch · 750 g Weizenvollkornmehl

150 g Gerstenvollkornmehl · 2 gestrichene EL Kakaopulver

40 g frische Hefe · 1/2 TL Rohrohrzucker (körnige Melasse)

150 g flüssiger, zimmerwarmer Sauerteig · 1 1/2 EL Salz · 5 EL Öl

3 EL Zuckerrübenkraut · 1-2 EL Brotgewürz · Mehl für die Arbeitsfläche

Fett und Mehl für das Blech · 3 EL süße Sahne

🕐 **Zubereitungszeit** 3 Stunden 30 Minuten
Arbeitszeit 30 Minuten

Flüssigen Sauerteig gibt es in Naturkostläden oder im Reformhaus fertig zu kaufen, so dass Sie sich nicht die Arbeit machen müssen, den Teig selber herzustellen.

1 Das Kaffeepulver mit 500 ml Liter heißem Wasser übergießen. Die Milch untermischen und alles lauwarm abkühlen lassen. **2** Das Weizen- und Gerstenmehl mit dem Kakaopulver in einer Schüssel mischen. In die Mitte des Mehls eine Mulde drücken. Die Hefe zerkrümeln und in die Mulde geben. Den Zucker auf die Hefe streuen. 5 Esslöffel Kaffeemischung zugeben und mit etwas Mehl vom Rand zum Vorteig verrühren. Zugedeckt 15 Minuten bei Zimmertemperatur ruhen lassen, bis der Vorteig Bläschen wirft. **3** Den Vorteig mit dem gesamten Mehl verrühren. Die restliche Kaffeemischung mit Sauerteig, Salz, Öl, Rübenkraut und Brotgewürz zugeben. Mit den Knethaken des Handrührgerätes etwa 10 Minuten durcharbeiten, bis der Teig Blasen wirft. Den Teig zugedeckt bei Zimmertemperatur etwa 1 Stunde gehen lassen, bis sich sein Volumen verdoppelt hat. Mit den Händen auf wenig Mehl etwa 10 Minuten durchkneten und zu einem Laib oder Wecken formen. **4** Das Brot auf ein gefettetes, mit Mehl bestreutes Backblech legen und mit Sahne bestreichen. Zugedeckt weitere 15 Minuten gehen lassen. Das Brot in den kalten Backofen (mittlere Schiene) schieben und bei 200 °C (Umluft 180 °C, Gas Stufe 3-4) etwa 75 Minuten backen; mit Alufolie abdecken, falls es zu dunkel wird.   **5** Etwa 20 Minuten auf dem Blech abkühlen lassen. Zum Erkalten auf ein Kuchengitter legen.

▶ **Pro Portion** *566/135 kJ/kcal · 4 g Eiweiß · 3 g Fett · 21 g Kohlenhydrate · 4 g Ballaststoffe · 18 mg Kalzium · 1 mg Eisen · 162 mg Kalium · 45 mg Magnesium · 2 mg Cholesterin*

Nussbrot

Für 1 Brot

125 g Mehl (Type 405) · 75 g Weizenvollkornmehl · 75 g fein gemahlene Hirse · 50 g Rohrohrzucker (körnige Melasse) · 1 TL Salz · 1 TL Backpulver · 1/4 TL Vanillepulver · 1 Ei · 250 ml Milch · 125 g grob gehackte Walnüsse · Fett für die Form

🕐 **Zubereitungszeit** 1 Stunde 45 Minuten
Arbeitszeit 20 Minuten

1 Alle Mehlsorten, Hirse, Zucker, Salz, Backpulver und Vanille in eine große Schüssel geben. Das Ei und die Milch verquirlen und zum Mehl gießen. Die Nüsse zugeben. Mit den Knethaken des Handrührgerätes untermischen.   **2** Eine feuerfeste Form von 25 mal 15 Zentimeter gut fetten, Teig einfüllen und 25 Minuten ruhen lassen. **3** Das Brot in den kalten Backofen (mittlere Schiene) schieben bei 180 °C (Umluft 160 °C, Gas Stufe 2-3) etwa 1 Stunde backen.

Zum Aufbewahren das abgekühlte Brot in Pergamentpapier gewickelt kühl, aber nicht im Kühlschrank lagern. Es hält sich etwa drei Tage frisch.

▶ **Pro Brot** *7597/1817 kJ/kcal · 64 g Eiweiß · 45 g Fett · 268 g Kohlenhydrate · 18 g Ballaststoffe · 1077 mg Kalzium · 14 mg Eisen · 2186 mg Kalium · 383 mg Magnesium · 269 mg Cholesterin*

Backtipp

Auf den Boden des Backofens ein Gefäß mit Wasser stellen, damit das Brot während des Backens genügend Feuchtigkeit bekommt. So bildet sich die feste Kruste langsam, das Brot geht schön auf und bekommt eine lockere Krume.

Süßes Brot mit Melasse

Für 20 Scheiben

120 g Weizenvollkornmehl · 120 g Weizenmehl (Type 405)

120 g Roggenvollkornmehl · 1/4 TL Backpulver · 1 Prise Salz

250 ml Buttermilch · 80 g Zuckerrohrmelasse (streichfähig)

2 EL Rohrohrzucker (körnige Melasse) · 1 EL Öl

80 g Rosinen oder gehackte Walnusskerne · Fett für die Form

⊙ **Zubereitungszeit** 1 Stunde 40 Minuten
Arbeitszeit 10 Minuten

Melasse aus biologischem Anbau schmeckt etwas milder, enthält mehr Magnesium und Eisen als der Sirup aus konventionellen Plantagen.

1 Alle Mehlsorten, Backpulver und Salz vermischen. Buttermilch mit weicher und körniger Melasse und dem Öl verrühren und zur Mehlmischung geben. Den Teig mit den Knethaken des Handrührgerätes vermischen. Die Rosinen oder Nüsse mit den Händen unterkneten.
2 Eine Kastenform von 30 Zentimeter Länge fetten und den Teig einfüllen. Ein Stück gefettetes Pergamentpapier auf das Brot legen. Die Kastenform in die Fettpfanne des Backofens stellen und in den kalten Backofen (untere Schiene) schieben. So viel kochendes Wasser in die Fettpfanne gießen, dass die Kastenform etwa zur Hälfte ihrer Höhe darin steht. **3** Das Brot bei 170 °C (Umluft 150 °C, Gas Stufe 2) etwa 1 Stunde 30 Minuten garen. Bei Bedarf heißes Wasser nachfüllen.

▶ **Pro Portion** *422/101 kJ/kcal · 3 g Eiweiß · 1 g Fett · 19 g Kohlenhydrate · 2 g Ballaststoffe · 41 mg Kalzium · 1 mg Eisen · 163 mg Kalium · 23 mg Magnesium · 0 mg Cholesterin*

Englische Ingwerbrötchen

Für 6 Stück

250 g Mehl · 1 gestrichener EL Ingwerpulver · 60 g gehackte Mandeln

abgeriebene Schale von 1 kleinen unbehandelten Zitrone

1 TL Backpulver · 60 g weiche Butter oder Pflanzenmargarine

60 g Rohrzucker · 100 g Zuckerrübenkraut · 7 EL Wasser · 2 Eier

Fett und Mehl für die Förmchen

🕐 **Zubereitungszeit** 50 Minuten
Arbeitszeit 20 Minuten

1 Mehl, Ingwer, Mandeln, Zitronenschale und Backpulver mischen. Das Fett mit Zucker, Rübenkraut und Wasser in einen Topf geben und bei schwacher Hitze unter Rühren erhitzen, bis das Fett geschmolzen ist und sich alles miteinander verbunden hat. Die Mischung dabei nicht aufkochen.   **2** Die warme Mischung langsam zum Mehl geben und mit den Quirlen des Handrührers zu einem flüssigen Teig mischen. Die Eier nacheinander unterrühren. **3** Muffinformen oder Tassen sehr gut fetten und zu etwa Dreiviertel ihrer Höhe mit dem Teig füllen. Die Formen in den kalten Backofen (mittlere Schiene) stellen und die Brötchen bei 180 °C (Umluft 160 °C, Gas Stufe 2-3) in etwa 30 Minuten goldbraun backen.

▶ **Pro Portion** *1681/402 kJ/kcal · 9 g Eiweiß · 17 g Fett · 40 g Kohlenhydrate · 5 g Ballaststoffe · 147 mg Kalzium · 2 mg Eisen · 274 mg Kalium 64 mg Magnesium · 104 mg Cholesterin*

Für Muffins, süße amerikanische Brötchen, gibt es in gut sortierten Haushaltswarenläden und großen Warenhäusern spezielle Formen.

Wenn Sie schon einmal ein süßes Brot mit herkömmlichem Industriezucker gebacken haben, werden Sie von dem mit Melasse gesüßten Brot begeistert sein.

43

Hauptgerichte

Rote Bete in Currycreme

Für 4 Portionen

3 mittelgroße rote Bete · 1 Zwiebel · 1 Knoblauchzehe · 3 EL Erdnussöl
1 EL mildes oder scharfes Currypulver · 400 ml flüssige Kokosmilch (Dose)
2 säuerliche Äpfel · 2 TL Dattelsirup · 2 EL Zitronensaft · Salz

☉ **Zubereitungszeit** 50 Minuten
Arbeitszeit 30 Minuten

Rote Bete wäscht man besser vor dem Schälen; geschält verliert sie beim Waschen zu viel von ihrem Saft.

1 Die roten Bete waschen, schälen und in dünne Stifte schneiden. Die Zwiebel und die Knoblauchzehe abziehen und klein schneiden. Alle drei Zutaten in 1 Esslöffel heißem Öl anbraten. Das Currypulver darüberstreuen und kurz mitrösten. Die Kokosmilch zugeben, zum Kochen bringen und die roten Bete zugedeckt bei mittlerer bis schwacher Hitze in 20 bis 30 Minuten bissfest garen. **2** Inzwischen die Äpfel vierteln, schälen, vom Kerngehäuse befreien und in Achtel schneiden. Im restlichen Öl auf beiden Seiten halbweich und leicht braun braten. Den Dattelsirup darüberträufeln, den Zitronensaft und etwas Salz zugeben und alles mischen. **3** Die roten Bete und die Äpfel auf heißen Tellern anrichten. Dazu passt Reis oder Fladenbrot.

▶ **Pro Portion** *853/204 kJ/kcal · 3 g Eiweiß · 8 g Fett · 26 g Kohlenhydrate · 8 g Ballaststoffe · 92 mg Kalzium · 2 mg Eisen · 947 mg Kalium · 71 mg Magnesium · 0 mg Cholesterin*

Süßkartoffeln mit Ahornsirup

Für 6 Portionen

3 mittelgroße Süßkartoffeln · 80 g Ahornsirup
2 EL Butter oder Pflanzenmargarine · 1/2 TL Salz · 80 ml süße Sahne

🕐 **Zubereitungszeit** 1 Stunde
Arbeitszeit 20 Minuten

1 Die Süßkartoffeln wie Pellkartoffeln in Wasser weich kochen, schälen und vierteln. Durch die Kartoffelpresse drücken. Püree mit Ahornsirup, Fett, Salz und Sahne zu einer cremig lockeren Masse verrühren.
2 Auf vorgewärmten Tellern anrichten und sofort servieren.

▶ **Pro Portion** *1667/399 kJ/kcal · 2 g Eiweiß · 9 g Fett · 76 g Kohlenhydrate · 7 g Ballaststoffe · 90 mg Kalzium · 2 mg Eisen · 556 mg Kalium 38 mg Magnesium · 27 mg Cholesterin*

In Neuengland gehört Süßkartoffelpüree mit Ahornsirup traditionell zum Thanksgiving-Truthahn. Es schmeckt auch zu gebratenen Lammkoteletts oder Brathähnchen.

Weißkohl mit Melasse

Für 4 Portionen

500 g Weißkohl · Salz · 1 Zwiebel · 1 Knoblauchzehe
2 EL Butter oder Pflanzenmargarine · 1 EL Zuckerrohrmelasse
(streichfest) · 1-2 EL Zitronensaft · schwarzer Pfeffer

🕐 **Zubereitungszeit** 45 Minuten

1 Den Kohl putzen, vierteln, den Strunk herausschneiden, die Viertel waschen und in feine Streifen schneiden. In eine Schüssel geben, salzen und mit dem Kartoffelstampfer einige Male fest zusammendrücken. Zugedeckt 15 Minuten ruhen lassen. **2** Die Zwiebel und den Knoblauch abziehen und klein schneiden. Das Fett und die Melasse in einem großen Topf erhitzen, bis die Mischung flüssig ist. Zwiebel und Knoblauch zugeben und bei mittlerer Hitze weich und hellbraun braten. **3** Den Kohl mit den Händen ausdrücken und dazugeben. Zugedeckt bei mittlerer bis schwacher Hitze in etwa 15 Minuten bissfest garen. Mit Zitronensaft, Salz und Pfeffer abschmecken.

▶ **Pro Portion** *1818/435 kJ/kcal · 10 g Eiweiß · 26 g Fett · 36 g Kohlenhydrate · 17 g Ballaststoffe · 329 mg Kalzium · 4 mg Eisen · 1580 mg Kalium 133 mg Magnesium · 72 mg Cholesterin*

Reisnudeln mit Shrimps

Für 4 Portionen

1 Bund Lauchzwiebeln · 4 Blätter Chinakohl · 3 Knoblauchzehen
3 EL helle Sojasauce · 4 EL weißer Reisessig (ersatzweise 4 EL Obstessig
und 2 EL Orangensaft) · 2 EL Agavendicksaft · 2 EL Orangensaft
1/2 TL Paprikaflocken · 250 g dünne Reisnudeln · 2 EL Sesamöl
200 g Shrimps · 2 EL ungesalzene Erdnusskerne

🕐 **Zubereitungszeit** 30 Minuten

1 Die Lauchzwiebeln waschen, putzen und mit dem zarten Grün in etwa fingerlange Stücke schneiden. Die Stücke der Länge nach in Streifen schneiden. Die Chinakohlblätter waschen, trockentupfen und in Streifen schneiden. Den Knoblauch abziehen und fein zerkleinern. **2** Die Sojasauce, den Reisessig, den Agavendicksaft, den Orangensaft und die Paprikaflocken in einer Schüssel verrühren. **3** Die Nudeln nach Packungsaufschrift garen. In ein Sieb abgießen und gut abtropfen lassen. In eine Schüssel geben und mit einer Küchenschere etwas zerkleinern. Die Sauce über die Nudeln träufeln und vermischen. **4** Das Öl in einer großen Pfanne oder im Wok erhitzen. Den Knoblauch darin bei mittlerer Hitze unter Rühren etwa 1 Minute braten. Shrimps, Lauchzwiebeln und Chinakohl zugeben und etwa 2 Minuten braten, bis sich die Shrimps rot färben. Die Nudelmischung zugeben und bei starker Hitze unter Rühren etwa 2 Minuten braten, bis die Flüssigkeit verdampft ist. Die Erdnusskerne hacken, über die Nudeln streuen und das Gericht sofort servieren.

Tipp Reisnudeln gibt es außer in Asienläden auch in vielen Naturkostgeschäften. Eine zeitsparende Alternative sind Instant-Asiennudeln aus dem Supermarkt, die nur mit kochendem Wasser übergossen werden und kurz ziehen müssen, bis sie gerade eben weich sind.

> **Aufgrund der hohen Temperaturen im Wok ist die Garzeit um einiges kürzer. So bleiben Biss, Vitamine und Aroma erhalten.**

▶ **Pro Portion** *1683/403 kJ/kcal · 19 g Eiweiß · 8 g Fett · 55 g Kohlenhydrate · 4 g Ballaststoffe · 127 mg Kalzium · 4 mg Eisen · 530 mg Kalium 135 mg Magnesium · 80 mg Cholesterin*

Hähnchenschenkel mit Melasse

Für 6 Portionen

1 Stück frischer Ingwer (etwa 5 cm) · 1 rote Chilischote · 2 Knoblauchzehen
1 mittelgroße Zwiebel · 2 EL Apfelessig · 3 EL Orangensaft
1 EL Zuckerrohrmelasse (streichfähig) · 1 TL Lebkuchengewürz
Salz · frisch gemahlener Pfeffer · 6 große Hähnchenschenkel

🕐 **Zubereitungszeit** 3 Stunden
Arbeitszeit 20 Minuten

1 Den Ingwer schälen und in dünne Scheiben schneiden. Die Chilischote mit allen oder nur mit einem Teil der Kerne fein hacken. Knoblauch und Zwiebel abziehen und fein zerkleinern. **2** Alle diese Zutaten mit Essig, Orangensaft, Melasse, Lebkuchengewürz, Salz und Pfeffer zu einer Marinade vermischen. Die Hähnchenteile darin wenden und zugedeckt etwa 2 Stunden im Kühlschrank durchziehen lassen. **3** Die Hähnchenschenkel aus der Marinade nehmen und nebeneinander in eine feuerfeste Form legen. Mit der Marinade begießen und in den kalten Backofen (mittlere Schiene) schieben. Bei 200 °C (Umluft 180 °C, Gas Stufe 3-4) etwa 40 Minuten braten, bis die Haut knusprig ist und beim Einstechen mit einer Messerspitze nur noch klarer Saft aus dem Fleisch fließt.

Je mehr Trennwände und Kerne einer Chilischote Sie verwenden, desto feuriger schmeckt das Essen, denn darin steckt der »Scharfmacher« Capsaicin.

▶ **Pro Portion** *1626/389 kJ/kcal · 64 g Eiweiß · 9 g Fett · 3 g Kohlenhydrate · 1 g Ballaststoffe · 48 mg Kalzium · 5 mg Eisen · 838 mg Kalium 97 mg Magnesium · 240 mg Cholesterin*

Kreolische Küche

Die Hähnchenschenkel sind ein Rezept aus der einfachen kreolischen Küche: Melasse war ursprünglich ein Abfallprodukt bei der Zuckerherstellung, und Hühner standen auch der armen Bevölkerung zur Verfügung. Durch die vielen Gewürze – ganz typisch ist die Verwendung mehrerer Pfeffersorten – ist es ein raffiniertes, preiswertes Essen, zu dem Reis oder Kartoffeln gut passen.

Brathuhn mit Glasur

Für 4 Portionen

1 Huhn (ca. 2 kg) · Salz · weißer Pfeffer · 3 EL Zuckerrübenkraut
2 EL Zitronensaft · 1 EL scharfer Senf · 1/4 TL Sambal Oelek · 2 EL Öl

☉ **Zubereitungszeit** 1 Stunde 15 Minuten
Arbeitszeit 15 Minuten

Artgerecht gehaltene Hühner mit festem, aromatischem Fleisch bekommen Sie direkt beim Bauern, bei Biometzgern und in Feinkostgeschäften.

1 Das Huhn innen und außen unter kaltem Wasser ausspülen und mit Küchenkrepp trockentupfen. Mit einer Geflügelschere halbieren. Salzen und pfeffern. **2** Die Hälften mit den Schnittflächen nach unten auf den Rost des Backofens legen und mit der Fettpfanne darunter in den kalten Backofen schieben. Den Backofen auf 200 °C (Umluft 180 °C, Gas Stufe 3-4) schalten und das Huhn 30 Minuten braten. **3** Das Zuckerrübenkraut leicht erwärmen. Mit dem Zitronensaft, Senf, Sambal Oelek und Öl verrühren. Das Huhn mit dieser Mischung bestreichen und weitere 30 Minuten braten. Dabei noch zwei- oder dreimal mit der Glasur bestreichen, bis sie aufgebraucht ist. Dazu: Weißbrot und gemischter Salat.

Die Glasur aus Zuckerrübenkraut, Senf, Zitronensaft, Sambal Oelek und Öl unterstreicht die Zartheit von Hühnerfleisch.

▶ **Pro Portion** *2391/572 kJ/kcal · 51 g Eiweiß · 33 g Fett · 3 g Kohlen-hydrate · 0 g Ballaststoffe · 42 mg Kalzium · 6 mg Eisen · 758 mg Kalium 98 mg Magnesium · 270 mg Cholesterin*

Spareribs

Für 6 Portionen

2 kg Schälrippen (Spareribs) vom Schwein

Salz · frisch gemahlener schwarzer Pfeffer · 250 g Tomaten

2 Knoblauchzehen · 2 EL Ketchup · 1 Chilischote

2 EL Zuckerrohrmelasse (streichfest) · 3 EL Öl · 1 EL Apfelessig

🕐 **Zubereitungszeit** 1 Stunde

1 Die Spareribs – falls nötig – in die einzelnen Rippen teilen und rundherum mit Salz und Pfeffer einreiben. Rippchen auf den Grillrost legen und in den kalten Backofengrill schieben. Bei mittlerer Grillstufe etwa 20 Minuten grillen. Dabei einmal wenden.   **2** Inzwischen für die Glasur die Tomaten mit kochendem Wasser überbrühen, abziehen und in kleine Stücke schneiden. Die Knoblauchzehen abziehen, zerdrücken und mit den Tomaten in einen Topf geben. Alles bei starker Hitze unter Rühren dick einkochen lassen. Den Ketchup, die entkernte und klein geschnittene Chilischote, Melasse, Öl und Essig untermischen.   **3** Die Rippchen großzügig mit der Glasur bestreichen und weitere 10 bis 15 Minuten grillen, bis sie braun und knusprig sind. Dabei noch mehrmals mit Glasur bestreichen. Hervorragend dazu passen »Baked Potatoes«, in Aluminium gegarte Kartoffeln mit Sauerrahm.

Tipp   Auf dem Holzkohlengrill muss der Abstand zwischen Rippchen und Glut möglichst groß sein, damit sie nicht verbrennen. Bei schwacher Hitze brauchen die Spareribs 45 bis 60 Minuten.

Spareribs sind ein kulinarisches Sommer-vergnügen – ob aus dem Backofengrill oder von der Holzkohle im Freien. Die Glasur mit Melasse gibt ihnen besonders viel Würze mit einem Hauch Lakritze.

▶ **Pro Portion** *2387/571 kJ/kcal · 48 g Eiweiß · 35 g Fett · 5 g Kohlen-hydrate · 1 g Ballaststoffe · 36 mg Kalzium · 4 mg Eisen · 1125 mg Kalium 75 mg Magnesium · 161 mg Cholesterin*

Schweinerollbraten mit Apfel und Sellerie

Für 8 Portionen

2 kg Schweinekamm (ohne Knochen) · 2 kleine Äpfel · 1 Knoblauchzehe

2 Stangen Sellerie · 1 Bund Majoran · 2 EL Öl · 1 EL Paniermehl

1 EL Zuckerrohrmelasse (streichfest) · Salz · schwarzer Pfeffer

2 EL körniger Senf · 1 große Zwiebel · 1 Möhre · 1 Bund Suppengrün

375 ml dunkles Bier oder Brühe

🕐 **Zubereitungszeit** 3 Stunden 30 Minuten
Arbeitszeit 60 Minuten

Zum saftig-würzigen Braten mit Äpfeln, Sellerie und Melasse passen Thüringer Kartoffelklöße, Grießklöße oder Klöße aus gekochten Kartoffeln.

1 Das Fleisch vom Metzger zu einem flachen Stück aufschneiden lassen. Die Äpfel vierteln, schälen und vom Kerngehäuse befreien. Das Fruchtfleisch in kleine Stücke schneiden. Den Knoblauch abziehen und fein hacken. Die Selleriestangen putzen, waschen und in dünne Scheiben schneiden. Majoran waschen, trockentupfen und hacken. **2** Alle diese Zutaten in 1 Esslöffel heißem Öl bei mittlerer bis starker Hitze unter häufigem Wenden schmoren, bis die Flüssigkeit, die sich bildet, wieder verdampft ist. Abkühlen lassen, das Paniermehl und die Melasse untermischen, und die Füllung mit Salz und Pfeffer würzen. **3** Das Fleisch rundherum mit Salz und Pfeffer einreiben und mit dem Senf bestreichen. Die Füllung darauf verteilen, dabei am Rand etwa 2 Zentimeter frei lassen. Das Fleisch aufrollen und mit Küchengarn zum Rollbraten binden. **4** Das restliche Öl in einem Bräter erhitzen. Den Rollbraten darin rundherum bei starker Hitze etwa 15 Minuten anbraten, bis das Fleisch eine Kruste hat. 125 Milliliter Wasser zugießen und den Bratfond damit lösen. **5** Den Braten zugedeckt in den kalten Backofen (untere Schiene) stellen, bei 180 °C (Umluft 160 °C, Gas Stufe 2-3) etwa 45 Minuten garen, bis das Wasser verdampft ist. **6** Inzwischen die Zwiebel abziehen, die Möhre schälen und das Suppengrün waschen. Alles grob zerkleinern und neben das Fleisch geben. **7** Etwa ein Drittel des Bieres zugießen. Die Temperatur auf 150 °C (Umluft 140 °C, Gas Stufe 1) zurückschalten. Den Rollbraten weitere 45 Minuten braten, wenden und noch einmal 30 Minuten braten. Dabei nach und nach das restliche Bier um den

Braten gießen.   **8** Das Fleisch aus der Sauce nehmen und auf den Rost legen. Mit der Fettpfanne darunter im abgeschalteten Ofen bei geöffneter Backofentüre 15 Minuten ruhen lassen. Die Sauce aufkochen. Dabei den Bratensatz unter Rühren lösen. Das Fleisch in Scheiben schneiden, auf Tellern anrichten und mit der Sauce überziehen. Dazu: Bratkartoffeln, Kartoffelpüree, Salate der Saison oder gedünstete Zucchini.

Variationen   Den Rollbraten können Sie auch ganz anders füllen, beispielsweise mit Bratwurstbrät, gehackter Zwiebel und Rosmarin. Oder Sie rollen ein paar Backpflaumen oder in Scheiben geschnittene Champignons und Petersilie mit ein. Besonders würzig ist die Version mit klein geschnittenen Paprikaschoten, Schafskäse und frischem Thymian. Dann gießt man aber nicht mit Bier, sondern mit einem trockenen Weißwein oder einem leichten Rotwein auf.

▶ **Pro Portion** *2567/614 kJ/kcal · 48 g Eiweiß · 36 g Fett · 10 g Kohlenhydrate · 2 g Ballaststoffe · 63 mg Kalzium · 5 mg Eisen · 1141 mg Kalium 81 mg Magnesium · 161 mg Cholesterin*

Rollbraten ist zwar etwas zeitaufwendig, aber sein feiner Geschmack entlohnt für die Mühe. Beim Füllen und der Kombination von Gewürzen sind Ihrer Fantasie keine Grenzen gesetzt.

Wenn Sie der Füllung Zuckerrohrmelasse zugeben, wird Ihr Braten nicht süß, sondern die Zuckerrohrmelasse rundet den Geschmack der Füllung wunderbar ab.

Süßes zum Nachtisch

Datteleis mit Karambolen

Für 6 Portionen

100 g Dattelsirup · 2 ganz frische Eier · 1 Prise Ingwerpulver
abgeriebene Schale von 1/2 unbehandelten Zitrone · 200 ml süße Sahne
4 reife Karambolen · 4 cl Orangenlikör oder Orangensaft
3 EL ungesalzene Pistazienkerne

🕐 **Arbeitszeit** 30 Minuten
Kühlzeit 4 Stunden

Reife Karambolen sind an den Sternspitzen bereits bräunlich verfärbt; gleichmäßig gelbe oder gar grüne Früchte schmecken sauer und haben kein Aroma. Für Menschen mit Nierenproblemen können unreife Früchte sogar schädlich sein.

1 Für das Wasserbad eine Schüssel mit heißem Wasser füllen und auf die warme Kochstelle setzen. Dattelsirup in einer anderen Schüssel über dem Wasserbad flüssig werden lassen. Die Eier, Ingwerpulver und Zitronenschale zugeben und mit dem Schneebesen zu einer dickflüssigen, schaumigen Creme aufschlagen. **2** Die Schüssel mit der Creme in kaltes Wasser mit einigen Eiswürfeln stellen und rühren, bis sie wieder kalt ist. Die Sahne steif schlagen und unter die Dattelcreme ziehen. **3** Die Schüssel zugedeckt in den Gefrierschrank stellen und das Eis in etwa 4 Stunden fest werden lassen. Dabei immer wieder mit dem Schneebesen kräftig durchrühren, damit das Eis geschmeidig wird. **4** Die Karambolen waschen und in Scheiben schneiden. Auf Tellern verteilen. Mit Orangenlikör oder Saft beträufeln. Pistazien grob hacken und über die Früchte streuen. Das Eis portionieren und neben den Früchten anrichten.

Tipp Heiße Eiercremes muss man rasch abkühlen und dabei ständig rühren, damit sich keine Haut an der Oberfläche bildet und sie cremig und locker bleiben.

▶ **Pro Portion** *870/208 kJ/kcal · 4 g Eiweiß · 14 g Fett · 11 g Kohlenhydrate · 1 g Ballaststoffe · 49 mg Kalzium · 1 mg Eisen · 163 mg Kalium 15 mg Magnesium · 117 mg Cholesterin*

Bananenzimtwaffeln

Für 4–5 Waffeln

180 g Mehl · 1 TL Zimt · 1 Prise Salz · 1 EL Backpulver
1 große Banane · 2 Eier · 375 ml Milch · 125 ml Öl
etwas Fett für das Waffeleisen · 5 EL Ahornsirup

⊙ **Zubereitungszeit:** 35 Minuten
Arbeitszeit: 15 Minuten

1 Das Mehl mit Zimt, Salz und Backpulver mischen. Die Banane pürieren. Die Eier trennen. **2** Die Eigelbe schaumig rühren. Nach und nach die Milch, das Bananenpüree und das Öl unterrühren. Eiweiß steif schlagen und auf den Teig geben. Die Mehlmischung darüberstreuen und unterziehen. **3** Die Backflächen des Waffeleisens fetten und nacheinander 4 bis 5 Waffeln je 4 Minuten backen. Die fertigen Waffeln warm halten, bis der ganze Teig verbraucht ist und alle Waffeln gebacken sind. **4** Die Waffeln mit Ahornsirup servieren.

▶ **Pro Portion** *2546/609 kJ/kcal · 10 g Eiweiß · 31 g Fett · 67 g Kohlenhydrate · 5 g Ballaststoffe · 528 mg Kalzium · 3 mg Eisen · 450 mg Kalium 65 mg Magnesium · 105 mg Cholesterin*

Bananen brauchen Zimmerwärme zum Nachreifen. Am besten schmecken Früchte mit ausgeprägten braunen Flecken auf der Schale – erst dann sind sie reif und süß.

Wie auch die amerikanischen »pancakes« schmecken die frischen Bananenzimtwaffeln mit Ahornsirup unvergleichlich gut.

Kirschencharlotte

Für 6 Portionen

100 g Butter oder Pflanzenmargarine

800 g Süß- und Sauerkirschen gemischt

1 EL Saft und abgeriebene Schale von 1/2 unbehandelten Zitrone

250 g Toastbrotscheiben vom Vortag · 4 EL Agavendicksaft

2 EL Vanillezucker · 50 ml Rum oder Apfelsaft

🕐 **Zubereitungszeit** 1 Stunde 30 Minuten
Arbeitszeit: 30 Minuten

Agavendicksaft passt gut zu Obst, weil es neutraler als andere Sirupsorten schmeckt und so das Eigenaroma der Früchte unterstreicht.

1 Den Boden und den Rand einer Springform von 18 Zentimeter Durchmesser mit Pergamentpapier auslegen. Das Papier mit 1 Esslöffel weichem Fett bestreichen. **2** Kirschen und Sauerkirschen waschen, entsteinen und mit Zitronensaft beträufeln. Die Brotscheiben toasten. Den Agavendicksaft mit Vanillezucker und Zitronenschale vermischen. **3** Eine Lage Kirschen auf dem Boden der Form verteilen und mit 1 Esslöffel Rum oder Apfelsaft und mit der Sirupmischung beträufeln. Einige Brotscheiben und Fett in kleinen Flöckchen darauf verteilen. Diesen Vorgang ein- bis zweimal wiederholen. Mit Brotscheiben abschließen. Ein Stück Pergamentpapier mit dem restlichen Fett bestreichen und auf die Charlotte legen. **4** Die Charlotte in den kalten Backofen (untere Schiene) schieben und bei 190 °C (Umluft 170 °C, Gas Stufe 3) etwa 1 Stunde backen. Herausnehmen und einige Minuten ruhen lassen (sie sackt dabei etwas ein). Auf eine Kuchenplatte stürzen und das Pergamentpapier abziehen.

Tipp Behalten Sie ein paar süße gewaschene Kirschen für die Dekoration des Kuchens zurück. Zum Servieren die Charlotte mit etwas steif geschlagener Sahne und den Kirschen garnieren und in sechs Stücke teilen.

▶ **Pro Portion** *2020/483 kJ/kcal · 5 g Eiweiß · 16 g Fett · 72 g Kohlenhydrate · 3 g Ballaststoffe · 79 mg Kalzium · 2 mg Eisen · 394 mg Kalium 48 mg Magnesium · 40 mg Cholesterin*

Vanillepudding mit Obst

Für 6 Portionen

1 Päckchen Vanillepuddingpulver (50 g) · 500 ml Milch · 500 g Erdbeeren,
Pfirsiche und Kirschen gemischt · 400 ml süße Sahne · 12 Löffelbiskuits
2 EL Himbeergelee · 4 EL Crunchy-Müsli mit Nüssen · 4 EL Dattelsirup

🕐 **Zubereitungszeit** 40 Minuten

1 Den Pudding mit dem Vanillepuddingpulver und der Milch nach Packungsvorschrift zubereiten. Das Obst vorbereiten und zerkleinern. Die Sahne steif schlagen und die Hälfte davon unter die Vanillecreme ziehen. **2** Die Löffelbiskuits zerbröckeln und in eine Schüssel geben. Das Himbeergelee erwärmen, damit es flüssig wird, und über die Biskuits träufeln, eine Schicht Vanillecreme darüber glatt streichen. **3** Die Schüssel so schichtweise mit Creme, Crunchy-Müsli, Dattelsirup und Obst füllen. **4** Die restliche Sahne als dicke Haube auf den Pudding setzen. Den Pudding vor dem Servieren 1 Stunde ziehen lassen.

Schmackhaftes Crunchy-Müsli mit Rohrohr-zucker oder mit Honig bekommen Sie im Naturkostladen und im Reformhaus.

▶ **Pro Portion** *1681/402 kJ/kcal · 6 g Eiweiß · 25 g Fett · 34 g Kohlen-hydrate · 3 g Ballaststoffe · 194 mg Kalzium · 1 mg Eisen · 433 mg Kalium 36 mg Magnesium · 107 mg Cholesterin*

Vanillepudding mit frischem Obst, Dattelsirup und Crunchy-Müsli kann mit jeder Tortenkreation konkurrieren.

Gebackene Bananen

Für 4 Portionen

100 g feines Mehl · 1 Prise Salz · 1 kleines Ei · 1 TL Sesamöl
6 EL Dattelsirup · 2 EL Zitronensaft · 4 feste Bananen · Öl oder
Kokosfett zum Fritieren

🕐 **Zubereitungszeit** 1 Stunde
Arbeitszeit: 30 Minuten

Gebackene Bananen finden Sie in der chinesischen Küche. Aber auch die traditionelle bayerische Küche kennt ausgebackenes Obst – man denke nur an Apfelkücherl und Holunderblüten in Teig.

1 Mehl, Salz, 100 Milliliter kaltes Wasser und Ei sorgfältig zu einem glatten Teig verrühren. Öl untermischen. Teig etwa 30 Minuten ruhen lassen. **2** Dattelsirup mit dem Zitronensaft in einen Topf geben und bei schwacher Hitze heiß werden lassen, aber nicht aufkochen. Bananen schälen und in etwa 4 Zentimeter lange Stücke schneiden. **3** Fett in einem hohen Topf oder in einer Friteuse erhitzen. Bananen portionsweise in den Teig tauchen und goldgelb ausbacken. Auf Küchenpapier abtropfen lassen. **4** Gebackene Bananen auf heißen Desserttellern anrichten und mit dem Sirup beträufelt sofort servieren.

Variation Statt Bananen können Sie auch Ananas- oder Apfelscheiben nehmen. Wer eine ganz andere Geschmacksrichtung mag, taucht gewaschene und gut ausgeschüttelte Holunderdoldenblüten in den Teig. Ebenso gut können Sie auf Ihre Kosten kommen, wenn Sie Herzhafteres bevorzugen. Leichter zu bekommen als Holunderblüten sind schöne, große Salbeiblätter. Die fritierten Salbeiblätter mit etwas Salz bestreuen und zum Aperitif oder Wein reichen.

Tipp Am besten schmecken fein säuerliche Apfelbananen – sie sind so dick wie normale Obstbananen, aber nur etwa zehn Zentimeter lang. Die Früchte bekommen Sie bei Fachhändlern für exotisches Obst und in manchen Asienläden. Große Gemüsebananen schmecken fritiert wie Chips.

▶ **Pro Portion** *1279/306 kJ/kcal · 6 g Eiweiß · 11 g Fett · 42 g Kohlenhydrate · 7 g Ballaststoffe · 30 mg Kalzium · 2 mg Eisen · 541 mg Kalium 69 mg Magnesium · 55 mg Cholesterin*

Hirsewaffeln mit Pflaumenkompott und Sahne

Für 4 Portionen

Waffeln: 250 g Hirseflocken · 250 ml Milch · 250 ml Buttermilch
2 Eier · abgeriebene Schale von 1 unbehandelten Zitrone · 1 Prise Salz
1 EL Ahornsirup · 1 Prise Vanillepulver
Kompott: 500 g Pflaumen ·1 EL Rohrzucker · 1 TL Zimt
1 Prise Ingwerpulver · 125 ml süße Sahne

🕐 **Zubereitungszeit** 1 Stunde
Ruhezeit 3 Stunden

1 Die Hirseflocken mit Milch und Buttermilch übergießen und zugedeckt 3 Stunden quellen lassen. **2** Inzwischen die Pflaumen waschen, halbieren, entsteinen und mit Zucker, Zimt und Ingwerpulver in etwas Wasser einmal aufkochen. Bei schwacher Hitze etwa 5 Minuten dünsten. **3** Die gequollenen Hirseflocken mit Eiern, Zitronenschale, Salz, Ahornsirup und Vanillepulver verrühren. **4** Das Waffeleisen vorheizen und die Backflächen fetten. Nacheinander aus dem Teig acht Waffeln backen und im Backofen warm halten, bis der ganze Teig verbraucht ist. **5** Die Sahne steif schlagen und mit dem Kompott zu den Waffeln servieren.

Die Farbe von Ahornsirup sagt etwas über den Boden aus, auf dem die Bäume wachsen, aber nichts über die Inhaltsstoffe: Heller Ahornsirup enthält genauso viele Mineralstoffe wie dunkler.

▶ **Pro Portion** *2362/565 kJ/kcal · 17 g Eiweiß · 18 g Fett · 75 g Kohlenhydrate · 5 g Ballaststoffe · 239 mg Kalzium · 7 mg Eisen · 765 mg Kalium 165 mg Magnesium · 163 mg Cholesterin*

Indianerküche

Von den Indianern Kanadas haben die weißen Siedler gelernt, wilde Truthähne zu jagen und Meeresfrüchte zu fangen, Mais, Bohnen und Kürbis anzubauen, und sie haben alles über Ernte und Verarbeitung von Ahornsirup erfahren. Lange war der Sirup das einzige Süßmittel, das zur Verfügung stand. Deshalb findet man im Nordosten der USA sehr viele Traditionsgerichte mit Ahornsirup, beispielsweise Süßkartoffelpüree (siehe Seite 44), gebackene Bohnen oder Pfannkuchen mit Heidelbeeren.

Birnenpreiselbeerpie

Für 10 Stücke

Teig: 100 g Mehl · 1 Prise Salz · 50 g Butter oder Pflanzenmargarine
Füllung: 1 kg feste, reife Birnen · 1 EL Zitronensaft · 1 EL Semmelbrösel
1 EL gemahlene Mandeln · 3 EL Ahornsirup · 150 g Preiselbeerkompott
(ohne Zucker) · 1 Eiweiß · 4 EL süße Sahne

🕐 **Zubereitungszeit** 2 Stunden 10 Minuten
Arbeitszeit 45 Minuten

Kein alternatives Süßmittel allein deckt unseren Mineralstoffbedarf. Erst mit Obst und Nüssen, Getreide und Gemüse wird unser Essen gesund.

1 Das Mehl mit Salz, Fett und 2 Esslöffeln kaltem Wasser zu einem glatten Mürbeteig verkneten. Falls der Teig bröckelt, noch teelöffelweise kaltes Wasser unterkneten. Den Teig in Folie gewickelt 30 Minuten in den Kühlschrank stellen. **2** Inzwischen die Birnen schälen, vom Kerngehäuse befreien, in Spalten schneiden und in einer großen Schüssel mit dem Zitronensaft mischen. Die Semmelbrösel über die Birnen streuen. Mandeln, Ahornsirup und Preiselbeerkompott zugeben und alles mischen. In eine runde Gratinform von ca. 26 Zentimeter Durchmesser geben. **3** Den Teig zwischen Frischhaltefolie zu einer Platte ausrollen, die etwas größer als die Form sein soll. Mit einem Sternausstecher ein Loch in den Deckel stechen, damit der Dampf beim Backen abziehen kann. **4** Die Teigplatte auf die Birnenmischung legen und rundherum am Rand leicht festdrücken. Eventuelle Teigreste ausrollen, zu Sternchen ausstechen und mit dem Eiweiß auf den Teigdeckel kleben. **5** Die Pie mit der Sahne bestreichen, in den kalten Backofen (untere Schiene) schieben und bei 200 °C (Umluft 180° C, Gas Stufe 3-4) etwa 50 Minuten backen. Abkühlen lassen und ganz frisch servieren.

Variation Diese Pie können Sie je nach preiswerten Saisonangeboten auch mit Ananas, Äpfeln, Pflaumen oder Stachelbeeren zubereiten.

▶ **Pro Portion** *765/183 kJ/kcal · 2 g Eiweiß · 7 g Fett · 26 g Kohlenhydrate · 4 g Ballaststoffe · 29 mg Kalzium · 1 mg Eisen · 193 mg Kalium 23 mg Magnesium · 16 mg Cholesterin*

Zwetschenpie

Für 10 Stücke

Teig: *300 g Mehl · 1 EL Rohrzucker · 1 Prise Salz · 1 Ei*
150 g weiche Butter oder Pflanzenmargarine
Füllung: *1 EL Mehl · 1 TL Lebkuchengewürz · 4 EL Orangensaft*
3 EL Ahornsirup · 800 g Zwetschen · 2 EL Zitronensaft
1 Eigelb · 2 EL Milch

⊕ **Zubereitungszeit** 3 Stunden
Arbeitszeit 45 Minuten

1 Das Mehl mit Rohrzucker, Salz, Ei und Fett zu einem glatten Mürbeteig verkneten. Eine Pie- oder Springform von 24 Zentimeter Durchmesser fetten. zwei Drittel des Teigs zwischen Frischhaltefolie ausrollen, in die Form legen, dabei einen etwa 3 Zentimeter hohen Rand formen. Den Teigboden mit einer Gabel mehrmals einstechen. Für den Teigdeckel den Rest des Teigs sehr dünn ausrollen. Den Teigboden und den Deckel etwa 1 Stunde kühlen. **2** Inzwischen für die Füllung das Mehl mit dem Lebkuchengewürz, dem Orangensaft und dem Ahornsirup vermischen. Die Zwetschen waschen, halbieren, entkernen, mit dem Zitronensaft beträufeln und sorgfältig vermischen. **3** Den Teigboden in den kalten Backofen (mittlere Schiene) stellen und bei 200 °C (Umluft 180 °C, Gas Stufe 3-4) etwa 15 Minuten vorbacken. **4** Die Zwetschen lagenweise auf den Teigboden schichten. Jede Schicht mit der Mehl-Orangensaft-Mischung bestreichen. Den Teigdeckel auf die Früchte legen und rundherum am Rand leicht festdrücken. Das Eigelb mit der Milch verrühren und den Teigdeckel damit bestreichen. **5** Den Kuchen wieder in den Backofen (untere Schiene) stellen und weitere 50 bis 60 Minuten backen. In der Form abkühlen lassen, vorsichtig herauslösen und ganz frisch servieren.

Rohrzucker oder körnige Melasse kann man in einer sauber ausgewischten Kaffeemühle so fein wie Puderzucker mahlen.

▶ **Pro Portion** *1292/309 kJ/kcal · 5 g Eiweiß · 15 g Fett · 34 g Kohlenhydrate · 4 g Ballaststoffe · 36 mg Kalzium · 2 mg Eisen · 299 mg Kalium · 38 mg Magnesium · 104 mg Cholesterin*

Schokoladenpudding

Für 4 Portionen

50 g Edelbitterschokolade · 125 g Butter · 120 g Zuckerrübenkraut · 4 Eier 2 EL Zitronensaft · 100 g gemahlene Mandeln · 75 g Mehl · 2 TL Backpulver · 1 EL Puderzucker · Fett und Semmelbrösel für die Förmchen

🕐 **Zubereitungszeit** 1 Stunde 15 Minuten
Arbeitszeit 30 Minuten

Zum Schokoladenpudding schmecken Kirschkompott, frische Himbeeren und geschlagene Sahne ausgezeichnet.

1 Die Schokolade fein reiben. Die Butter mit dem Zuckerrübenkraut aufschlagen. Die Eier trennen, zuerst die Eigelbe, dann Zitronensaft, Mandeln und Schokolade unter die Creme rühren. Das Mehl mit dem Backpulver mischen. Eiweiß mit dem Zitronensaft und mit dem Puderzucker steif schlagen und abwechselnd mit dem Mehl unter den Teig heben. **2** Kleine Puddingförmchen ausfetten und mit Semmelbröseln ausstreuen, den Teig einfüllen. **3** Eine feuerfeste Form mit kochendem Wasser füllen und die Puddingförmchen so hineinstellen, dass sie etwa bis zur Hälfte im Wasser stehen. Im Backofen bei 170 °C (Umluft 150 °C, Gas Stufe 2) 45 Minuten garen. **4** Den Pudding aus den Förmchen stürzen und heiß servieren.

▶ **Pro Portion** *3032/725 kJ/kcal · 16 g Eiweiß · 51 g Fett · 93 g Kohlenhydrate · 6 g Ballaststoffe · 563 mg Kalzium · 7 mg Eisen · 720 mg Kalium 130 mg Magnesium · 315 mg Cholesterin*

Warmer Apfelkuchen

Für 10 Stücke

***Teig:** 200 g Weizenvollkornmehl · 1 Prise Salz · abgeriebene Schale von 1/4 unbehandelten Zitrone · 80 g weiche Butter oder Pflanzenmargarine 100 g Magerjoghurt*
***Belag:** 500 g säuerliche Äpfel (Cox Orange) · 2 EL Ahornsirup 2 EL Zitronensaft · 2 EL Vanillezucker · 1 TL Zimtpulver · 50 g Butter oder Pflanzenmargarine*

🕐 **Zubereitungszeit** 1 Stunde 20 Minuten
Arbeitszeit 40 Minuten

1 Mehl mit Salz und Zitronenschale mischen. Fett und Joghurt zugeben, zu einem glatten Teig verkneten und in Folie gewickelt 30 Minuten kühlen.   **2** Die Äpfel vierteln, schälen, vom Kerngehäuse befreien und in Achtel schneiden. Ahornsirup und Zitronensaft in eine runde, feuerfeste Form von 24 Zentimeter Durchmesser geben und bei schwacher Hitze etwa 3 Minuten erhitzen, bis sich alles verbunden hat. Die Form dicht an dicht mit den Äpfeln auslegen. Den Vanillezucker mit dem Zimt vermischen und darüberstreuen. Das Fett schmelzen und über die Äpfel träufeln.   **3** Den Teig zu einer dünnen, runden Platte ausrollen, auf die Form legen und rundum am Rand festdrücken. **4** Den Kuchen in den kalten Backofen (untere Schiene) schieben und bei 220 °C (Umluft 200 °C, Gas Stufe 4-5) in 35 bis 40 Minuten goldbraun backen. Auf einem Kuchengitter 10 Minuten abkühlen lassen. Eine Kuchenplatte über die Form legen und das Ganze wenden, so dass der Apfelkuchen mit der Karamelseite oben liegt.

Nehmen Sie eine ausreichend große Kuchenplatte mit hochgezogenem Rand, denn der flüssige Karamel auf der warmen Torte läuft an den Seiten herunter.

▶ **Pro Stück** *907/217 kJ/kcal · 3 g Eiweiß · 12 g Fett · 23 g Kohlenhydrate 3 g Ballaststoffe · 29 mg Kalzium · 1 mg Eisen · 166 mg Kalium · 33 mg Magnesium · 31 mg Cholesterin*

Der Ahronsirup auf den Äpfeln sorgt für eine angenehm herbe Süße des Apfelkuchens.

Kekse und Konfekt

Grahamkekse

Für 40 Stück

Pergamentpapier und Fett für das Blech · 15 Scheiben Graham-
knäckebrot · 200 g weiche Butter und Pflanzenmargarine gemischt
200 g Zuckerrohrmelasse (streichfähig) · abgeriebene Schale
von 1 kleinen unbehandelten Zitrone ·1 TL Lebkuchengewürz
125 g gehackte Nusskerne

⏱ **Zubereitungszeit** 30 Minuten
Arbeitszeit 15 Minuten

Die Kekse schmecken auch hervorragend, wenn man sie mit salzigen Grahamkräckern statt Knäckebrot zubereitet.

1 Den Backofen auf 180 °C (Umluft 160 °C, Gas Stufe 2-3) vor-heizen. Ein Backblech mit Pergamentpapier auslegen und mit 1 Esslöffel Fett einstreichen. Die Knäckebrotscheiben dicht an dicht auf dem Papier verteilen. **2** Das Fett und die Melasse in einen Topf geben, unter Rühren erhitzen und bei schwacher Hitze 2 Minuten kochen lassen. Von der Kochstelle nehmen, die Zitronenschale und das Lebkuchengewürz unterrühren. Die Mischung über das Knäcke-brot gießen, die gehackten Nusskerne darüberstreuen. **3** Das Blech in den heißen Backofen (mittlere Schiene) schieben und die Kuchenplatte etwa 15 Minuten backen. Auf dem Blech 5 Minuten ruhen lassen, vorsichtig auf ein Kuchengitter stürzen und das Papier entfernen. Die Platte gut abkühlen lassen und in Stücke brechen oder schneiden.

Tipp Die Kekse werden an der Luft schnell weich. Am besten be-wahren Sie die Kekse wie Plätzchen in einer Blechdose auf und legen zwischen jede Lage ein Stück Butterbrot- oder Backpapier. So bleiben sie bis zum Schluss schön knusprig.

▶ **Pro Portion** *339/81 kJ/kcal · 1 g Eiweiß · 6 g Fett · 6 g Kohlenhydrate 1 g Ballaststoffe · 31 mg Kalzium · 1 mg Eisen · 113 mg Kalium · 18 mg Ma-gnesium · 12 mg Cholesterin*

Amerikanische Brownies

Für 60 Stück

100 g Kochschokolade · 140 g Mehl · 150 g beliebige gehackte Nusskerne
200 g Butter oder Pflanzenmargarine · 100 g Rohrohrzucker
(körnige Melasse) · 1 TL Vanille · 4 Eier · Fett und Mehl für das Blech

🕐 **Zubereitungszeit** 45 Minuten
Arbeitszeit 30 Minuten

1 Die Schokolade fein reiben, mit Mehl und Nüssen mischen.
2 Das Fett mit Zucker, Vanille und Eiern schaumig rühren. Schokolademischung in zwei Portionen unterrühren. **3** Ein Backblech fetten und mit Mehl bestreuen. Den Teig daraufstreichen. Das Blech in den kalten Backofen (mittlere Schiene) schieben und bei 175 °C (Umluft 150 °C, Gas Stufe 2) 15 bis 20 Minuten backen. **4** Noch heiß in kleine Quadrate schneiden und auskühlen lassen.

▶ **Pro Portion** *280/67 kJ/kcal · 1 g Eiweiß · 5 g Fett · 4 g Kohlenhydrate 0 g Ballaststoffe · 15 mg Kalzium · 0 mg Eisen · 63 mg Kalium · 12 mg Magnesium · 24 mg Cholesterin*

Die amerikanischen Schokoschnitten schmecken mit Walnüssen oder Pecannüssen besonders aromatisch.

Grahamkekse mit einer Zuckerrohrmelassemischung sind ideal für den »Hunger zwischendurch«.

Englisches Shortbread mit Karamel

Für 6 Stück

Teig: *100 g kalte Butter · 180 g Mehl · 30 g Rohrzucker*

1 Prise Salz · Fett für die Form

Guss: *60 g Rohrzucker · 1 EL Butter · 1 EL Agavendicksaft*

100 ml süße Sahne · 1 EL Schokoladenraspel

🕐 **Zubereitungszeit** 40 Minuten
Arbeitszeit 20 Minuten
Ruhezeit 2 Stunden

Original Shortbread muss ganz mürbe in der Konsistenz sein. Das gelingt nur, wenn man den Teig ausreichend kühlt.

1 Die Butter in kleine Stücke schneiden und mit Mehl, Zucker und Salz zu einem glatten Mürbeteig verkneten. Den Teig in eine Springform von 26 Zentimeter Durchmesser drücken und 2 Stunden kühl stellen. **2** Den Backofen auf 160 °C (Umluft 140 °C, Gas Stufe 2) vorheizen. In das Shortbread mit einem Messer tiefe Kerben in Form von sechs Tortenstücken einritzen und mit einer Gabel mehrmals einstechen. Shortbread im Ofen (mittlere Schiene) 15 bis 20 Minuten goldgelb backen. **3** Für den Guss Zucker mit Butter, Agavendicksaft und Sahne unter Rühren schmelzen und über das heiße Shortbread gießen. Mit den Schokoladenraspeln bestreuen, abkühlen lassen, aus der Form lösen und an den Kerben in Stücke brechen.

▶ **Pro Portion** *1559/373 kJ/kcal · 4 g Eiweiß · 22 g Fett · 37 g Kohlenhydrate · 3 g Ballaststoffe · 28 mg Kalzium · 1 mg Eisen · 132 mg Kalium 31 mg Magnesium · 64 mg Cholesterin*

Quittenecken

Für 16 Stück

400 g Quitten · 75 g Korinthen · 1/2 unbehandelte Zitrone

250 g Butter oder Pflanzenmargarine · 150 g Zuckerrübenkraut

4 Eier · 150 g Kamut-Weizenvollkornmehl · 100 g Haferflocken

75 g gemahlene Haselnusskerne · 2 EL Vanillezucker

1 Päckchen Lebkuchengewürz · 3 TL Backpulver · Fett für das Blech

⏲ **Zubereitungszeit** 1 Stunde 10 Minuten
Arbeitszeit 25 Minuten

1 Die Quitten gut waschen, vierteln und das Kerngehäuse entfernen. Die Quitten ungeschält auf der Rohkostreibe grob raspeln. Mit den Korinthen, der abgeriebenen Zitronenschale und dem ausgepressten Zitronensaft in eine Schüssel geben und gut vermischen. **2** Das weiche Fett mit dem Zuckerrübenkraut und den Eiern verrühren. Das Kamutmehl, die Haferflocken, die Nüsse, den Vanillezucker, das Lebkuchengewürz und das Backpulver mischen und in zwei Portionen unter die Fetteiermischung rühren. Die Quitten untermischen. **3** Den Teig auf ein gefettetes oder mit Backpapier ausgelegtes Backblech streichen und in den kalten Backofen (mittlere Schiene) schieben. Die Kuchenplatte bei 200 °C (Umluft 180 °C, Gas Stufe 3-4) etwa 40 Minuten backen, bis sie schön gebräunt ist. Herausnehmen und auf dem Blech etwa 15 Minuten ruhen lassen. Den Kuchen in Stücke schneiden, die Schnitten auf einem Kuchengitter ganz abkühlen lassen.

Als Korinthen bezeichnet man die kleinsten und dunkelsten getrockneten Weinbeeren. Sie sind entweder mit oder ohne Kern.

▶ **Pro Portion** *1216/291 kJ/kcal · 5 g Eiweiß · 18 g Fett · 19 g Kohlenhydrate · 4 g Ballaststoffe · 182 mg Kalzium · 3 mg Eisen · 269 mg Kalium 42 mg Magnesium · 98 mg Cholesterin*

Quitten

Quitten gibt es in der Zeit von September bis November – besonders wohlschmeckende, saftige Früchte bekommen Sie in türkischen Lebensmittelgeschäften und Naturkostläden, bei alternativen Landwirten und freundlichen Gartenbesitzern. Birnenquitten schmecken noch besser als Apfelquitten, enthalten mehr Zucker und genau die herbe Säure, die süße und herzhafte Gerichte mit den ungewöhnlichen Früchten so aromatisch machen. Quitten kann man übrigens nicht roh essen: Nur gegart sind sie weich und saftig. Deshalb kocht man sie ein: die zerkleinerten Früchte als Kompott oder Kuchenbelag, den Saft als Gelee oder Likör, das Mus als Konfekt. Früher lag dieses »Quittenbrot« in vielen Familien mit Nüssen, Äpfeln und Lebkuchen auf dem weihnachtlichen »bunten« Teller.

Melasseplätzchen

Für 12 Stück

500 g Mehl · 2 TL Backpulver · 1/2 TL Salz
100 g Butter oder Pflanzenmargarine · 200 ml Dickmilch
75 g Zuckerrohrmelasse (streichfest) · 2 EL süße Sahne

🕐 **Zubereitungszeit** 45 Minuten
Arbeitszeit 20 Minuten

Die Plätzchen sind weich wie Honigkuchen, nicht besonders süß und passen gut zu kräftigem Assamtee mit einem Schuss süßer Sahne.

1 Das Mehl mit Backpulver und Salz in einer Schüssel mischen. Das Fett in kleinen Stücken zugeben und alles mit den Knethaken des Handrührers zu einer krümeligen Masse vermischen. Dickmilch und Melasse langsam zugeben und alles zu einem glatten Teig verkneten. **2** Den Backofen auf 220 °C (Umluft 200 °C, Gas Stufe 4-5) vorheizen. Den Teig auf einer bemehlten Arbeitsfläche etwa 1/2 Zentimeter dick ausrollen. Mit einem Glas oder einer Tasse Plätzchen von etwa 7 Zentimeter Durchmesser ausstechen und nebeneinander auf ein gefettetes Backblech legen. Teigreste zusammenkneten, erneut ausrollen und ausstechen. **3** Die Plätzchen mit Sahne bestreichen und im heißen Backofen (mittlere Schiene) 12 bis 15 Minuten goldbraun backen. Auf dem Blech etwas auskühlen lassen, ablösen und frisch servieren.

▶ **Pro Portion** *1003/240 kJ/kcal · 5 g Eiweiß · 9 g Fett · 32 g Kohlenhydrate · 4 g Ballaststoffe · 208 mg Kalzium · 2 mg Eisen · 246 mg Kalium · 47 mg Magnesium · 24 mg Cholesterin*

Maiskekse

Für 40 Stück

50 g weiche Butter oder Pflanzenmargarine · 50 g Agavendicksaft
2 EL Orangensaft · 100 g feines Maismehl · 100 g Weizenvollkornmehl
1 TL Lebkuchengewürz · 1/2 TL Backpulver · Mehl zum Ausrollen
Fett für die Bleche · 1 kleines Eigelb · 1/2 EL süße Sahne · Schokostreusel
Hagelzucker und gehackte Mandeln zum Bestreuen

Maiskekse mit Agavendicksaft sind ein köstliches Teegebäck.

🕐 **Zubereitungszeit** 50 Minuten
Arbeitszeit 25 Minuten

1 Fett, Agavendicksaft und Orangensaft mit den Quirlen des Handrührgerätes etwa 3 Minuten verrühren. Beide Mehlsorten mit Lebkuchengewürz und Backpulver vermischen und unterrühren. **2** Die Arbeitsfläche dünn mit Mehl bestäuben. Den Teig darauf etwa messerrückendick ausrollen und zu beliebigen Formen ausstechen. **3** Die Kekse auf gut gefettete Bleche legen. Das Eigelb mit Sahne verrühren, die Kekse damit bestreichen. Mit Schokostreusel, Hagelzucker oder Mandeln bestreuen. **4** Das erste Blech in den kalten Backofen (mittlere Schiene) schieben. Die Kekse bei 200 °C (Umluft 180 °C, Gas Stufe 3-4) etwa 15 Minuten backen, bis sie leicht gebräunt sind. Kekse auf dem zweiten Blech etwa 10 Minuten backen. Heiß ablösen und auf einem Kuchengitter erkalten lassen.

Hagelzucker gibt es nur raffiniert. Wer das nicht mag, wälzt die Kekse gleich nach dem Backen in körniger Melasse, Rohr- oder Rübenzucker.

▶ **Pro Portion** *159/38 kJ/kcal · 1 g Eiweiß · 2 g Fett · 5 g Kohlenhydrate 0 g Ballaststoffe · 13 mg Kalzium · 0 mg Eisen · 20 mg Kalium · 6 mg Magnesium · 11 mg Cholesterin*

Flockenschnitten

Für 10 Stück

250 g weiche Butter oder Pflanzenmargarine · 75 g Zuckerrohrmelasse (streichfest) · abgeriebene Schale von 1/2 unbehandelten Orange ·1 Prise Salz 4 Eier · 100 g Sechskornflocken · 150 g Kokosflocken · 1 Päckchen Orangenpuddingpulver (50 g) · 1 TL Weinsteinbackpulver · Fett für das Blech
Zum Bestreichen und Bestreuen: *150 g Erdnusskerne*
150 ml süße Sahne · 3-4 EL Zuckerrohrmelasse (streichfest)

⊙ **Zubereitungszeit** 1 Stunde
Arbeitszeit 40 Minuten

Wenn Sie kein Weinsteinbackpulver bekommen, nehmen Sie statt dessen einfach herkömmliches Backpulver.

1 Das Fett mit Melasse, Orangenschale und Salz schaumig rühren, bis eine dicke, hellbraune Creme entstanden ist. **2** Die Eier trennen. Nacheinander die Eigelbe unterrühren. Eiweiß steif schlagen und auf den Teig geben. Alle Flocken, das Pudding- und das Backpulver mischen, auf den Eischnee streuen und alles mit einem Kochlöffel mischen. **3** Den Teig auf ein gefettetes Backblech streichen, in den kalten Backofen (mittlere Schiene) schieben und bei 200 °C (Umluft 180 °C, Gas Stufe 3-4) 15 bis 20 Minuten backen. **4** Die Erdnüsse fein hacken. Die Sahne mit der Melasse verrühren. Die Kuchenplatte herausnehmen, mit der Sahnemischung bestreichen, mit den Nüssen bestreuen und etwas abkühlen lassen. In zehn Stücke teilen.

▶ **Pro Portion** *2174/521 kJ/kcal · 10 g Eiweiß · 41 g Fett · 23 g Kohlenhydrate · 4 g Ballaststoffe · 194 mg Kalzium · 3 mg Eisen · 455 mg Kalium 72 mg Magnesium · 172 mg Cholesterin*

Getreideflocken

Getreideflocken werden aus den ganzen Körnern (»kernige Flocken«) oder aus Getreidegrütze (»zarte Flocken«) hergestellt. Die Auswahl ist inzwischen auch im Supermarkt groß: Dort gibt es außer Haferflocken noch Weizen- oder Dinkelflocken. In Naturkostläden und Reformhäusern bekommen Sie dazu Hirse-, Reis-, Gersten- und Mehrkornflocken.

Orangenkugeln

Für circa 40 Stück

3 Eier · 60 g Zuckerrübenkraut · 2 TL abgeriebene Schale von 1 unbehandelten Orange · 1 EL frisch gepresster Orangen- oder Zitronensaft

40 g Rohrzucker · 1 Messerspitze Zimtpulver · 120 g Mehl

1 TL Backpulver · Pergamentpapier und Fett für das Backblech

75 ml Orangenlikör (oder Orangensaft) · 50 g Honigmarzipan

6 Löffelbiskuits · 200 g weiße Kuvertüre · 200 g dunkle Kuvertüre

🕐 **Zubereitungszeit** 2 Stunden
Arbeitszeit 1 Stunde 10 Minuten
Ruhezeit 12 Stunden

1 Die Eier trennen. Die Eigelbe mit dem Zuckerrübenkraut schaumig rühren. Die Orangenschale und den Saft unterrühren. Eiweiß steif schlagen, nach und nach den Zucker und das Zimtpulver einrieseln lassen. Den Eischnee auf die Eigelbmasse geben. Das Mehl mit dem Backpulver vermischen und darüberstreuen. Alles unter die Eigelbcreme heben. Ein Backblech mit gefettetem Pergamentpapier auslegen, den Teig darauf verstreichen und in den kalten Backofen (mittlere Schiene) schieben und bei 180 °C (Umluft 160 °C, Gas Stufe 2-3) etwa 25 Minuten backen. Die Kuchenplatte auf dem Blech 10 Minuten ruhen lassen, auf ein Kuchengitter stürzen, das Papier abziehen und den Kuchen etwa 12 Stunden trocknen lassen. **2** Den Kuchen in Würfel mit 1/2 Zentimeter Kantenlänge schneiden und in eine Schüssel geben. Mit Likör oder Saft beträufeln, mischen und 15 Minuten ziehen lassen. **3** Das Marzipan fein würfeln und untermischen. Die Löffelbiskuits fein reiben und 3 Esslöffel davon über die Kuchenmarzipanmasse streuen. Alles mit den Händen vermischen und zu walnussgroßen Kugeln formen. Falls die Masse zu feucht ist, noch Biskuitbrösel zugeben. Die Kugeln in den Bröseln wälzen und auf ein Brett legen. **4** Die Kuvertüren getrennt im Wasserbad schmelzen und die Hälfte der Kugeln in die dunkle, die andere Hälfte in die helle Kuvertüre tauchen. Die Kugeln auf einem Kuchengitter trocknen lassen und kalt stellen. Nach Wunsch in Papiermanschetten setzen.

Die abgetropfte Kuvertüre kann man wieder verwenden: Beim Auftragen ein Blatt Pergament unter das Kuchengitter legen.

69

▶ **Pro Portion** *343/82 kJ/kcal · 2 g Eiweiß · 2 g Fett · 13 g Kohlenhydrate 1 g Ballaststoffe · 43 mg Kalzium · 1 mg Eisen · 83 mg Kalium · 17 mg Magnesium · 20 mg Cholesterin*

Likörkugeln

Für 50 Kugeln

500 g Butterkekse · 200 g Rohrzucker · 200 g gemahlene Nüsse

1 1/2 EL ungesüßtes Kakaopulver · 2 EL Dattelsirup

60 ml Aprikosenlikör · 60 ml Weinbrand · Hagelzucker zum Wälzen

🕐 **Zubereitungszeit** 20 Minuten

Für Kinder ersetzen Sie den Likör durch dicken Fruchtnektar und den Weinbrand durch Orangensaft.

1 Die Butterkekse in einen Gefrierbeutel geben und mit dem Nudelholz fein zerbröckeln. Mit allen anderen Zutaten verkneten, Kügelchen formen und in Hagelzucker wälzen. **2** In Papiermanschetten setzen und kühlen. **3** Ein paar Tage ruhen lassen, damit sich das Aroma entwickeln kann.

▶ **Pro Portion** *393/94 kJ/kcal · 2 g Eiweiß · 3 g Fett · 12 g Kohlenhydrate 1 g Ballaststoffe · 23 mg Kalzium · 0,4 mg Eisen · 59 mg Kalium · 14 mg Magnesium · 5 mg Cholesterin*

Dattelsirup und Rohrzucker geben den Likörkugeln ein reiches Aroma.

Kuchen und Torten

Ananaskuchen

Für 12 Stücke

1 Glas oder 1 Dose Ananasstücke (ca. 330 g) · 80 g Pflanzenmargarine

2 EL Dattelsirup · 2 EL Zitronensaft · Pergamentpapier für die Form

250 g Weizenvollkornmehl · 50 g vollfettes Sojamehl

1/2 Päckchen Weinsteinbackpulver · 250 ml fettarme Milch (1,5 %)

75 g Rohrzucker · 50 g Mandelstifte

🕐 **Zubereitungszeit** 1 Stunde 15 Minuten
Arbeitszeit 30 Minuten

1 Die Ananasstücke auf einem Sieb abtropfen lassen, den Saft dabei auffangen. Fett, 2 Esslöffel Ananassaft, Sirup und Zitronensaft aufkochen und bei mittlerer Hitze unter Rühren dick einkochen. **2** Eine Springform von 26 Zentimeter Durchmesser mit Pergamentpapier auslegen. Die Ananasstücke darin verteilen und mit dem eingekochten Saft begießen. **3** Weizenmehl mit Sojamehl und Backpulver in einer Schüssel vermischen. Die Milch zugießen und alles glattrühren. Rohrzucker und Mandeln untermischen. **4** Teig auf den Ananasstücken glattstreichen. Kuchen in den kalten Backofen schieben und bei 180 °C (Umluft 160 °C, Gas Stufe 2-3) etwa 45 Minuten backen. Den Kuchen in der Form abkühlen lassen. Auf eine Platte stürzen und das Papier abziehen.

Tipp Sojamehl aus gemahlenen gelben Sojabohnen bekommen Sie in Naturkostläden und Reformhäusern. Mit Wasser angerührt, ersetzt es im Teig die Eier. Es ist frei von Cholesterin, enthält aber ein bestimmtes Eiweiß, das den Cholesterinspiegel senkt.

▶ **Pro Portion** *878/210 kJ/kcal · 6 g Eiweiß · 8 g Fett · 26 g Kohlenhydrate · 4 g Ballaststoffe · 135 mg Kalzium · 2 mg Eisen · 291 mg Kalium · 56 mg Magnesium · 2 mg Cholesterin*

Dank Sojamehl statt Eiern, Pflanzenmargarine und fettarmer Milch enthält der Ananaskuchen fast kein Cholesterin.

Englischer Haferkuchen

Für 30 Stücke

250 g Mehl · 250 g fein gemahlener Hafer · 1/3 TL Ingwerpulver
abgeriebene Schale von 1 kleinen unbehandelten Orange
1/2 TL Backpulver · 100 g weiche Butter oder Pflanzenmargarine
100 g Zuckerrohrmelasse (streichfest) · 100 g Agavendicksaft
50 g Rohrzucker · 150 ml Milch · Pergamentpapier und Fett für die Form

🕐 **Zubereitungszeit** 1 Stunde 40 Minuten
Arbeitszeit 20 Minuten

In England liebt man Ingwer. Man nimmt ihn zum Einmachen, verarbeitet ihn zu Süßwaren wie Gelee und Kandiertem und mischt daraus die bekannte Ingwerlimonade, das Ginger Ale.

1 Mehl, Hafer, Ingwer, Orangenschale und Backpulver mischen. Das Fett mit Melasse, Agavendicksaft und Zucker in einen Topf geben und bei schwacher Hitze unter Rühren erhitzen, bis das Fett geschmolzen ist und sich alles miteinander verbunden hat. Die Mischung dabei nicht aufkochen. **2** Die warme Mischung langsam zum Mehl geben und mit den Knethaken des Handrührers vermischen. So viel Milch zugeben, dass ein dicker Teig entsteht. **3** Eine flache, rechteckige Form mit hohem Rand mit gefettetem Pergamentpapier auslegen. Den Teig einfüllen und in den kalten Backofen (mittlere Schiene) schieben. Den Haferkuchen bei 150 °C (Umluft 130 °C, Gas Stufe 1) etwa 1 Stunde 20 Minuten backen. **4** In der Form auskühlen lassen, stürzen, in Stücke schneiden und zum Abkühlen auf ein Kuchengitter geben.

▶ **Pro Portion** *481/115 kJ/kcal · 2 g Eiweiß · 4 g Fett · 17 g Kohlenhydrate 1 g Ballaststoffe · 30 mg Kalzium · 1 mg Eisen · 114 mg Kalium · 24 mg Magnesium · 9 mg Cholesterin*

Very British

Parkin, ein Haferkuchen mit Ingwer, ist englisches Traditionsgebäck. Je nach Region gibt es verschiedene Varianten – einen leichten Kuchen, den man frisch mit Butter und Orangenmarmelade zum Tee isst, oder die üppige Version, die vor dem Anschneiden einige Wochen lagert. Das Rezept hier ist eine leichte, saftige Version, die pur so gut wie zu Marmelade oder Käse schmeckt.

Aprikosenkuchen

Für 12 Stücke

125 g Honigmarzipan · 50 g Rohrzucker · 125 g Butter · 2 Eier
100 g Mehl · 1 Päckchen Orangenpuddingpulver (40 g) · 1 TL Back-
pulver · Fett für die Form · 1 kg reife Aprikosen · 3 EL Dattelsirup
50 g Mandelstifte · 1/2 EL Puderzucker

🕐 **Zubereitungszeit** 1 Stunde 30 Minuten
Arbeitszeit 40 Minuten

1 Das Honigmarzipan würfeln und mit dem Rohrzucker glattrühren. Die weiche Butter zufügen und alles cremig rühren. Die Eier unterrühren. Mehl, Puddingpulver und Backpulver über den Teig sieben und unterrühren. Den Teig in einer gefetteten Springform von 26 Zentimeter Durchmesser glattstreichen. **2** Die Aprikosen waschen, halbieren, entsteinen und auf den Teig legen. Mit 1 Esslöffel Dattelsirup beträufeln und mit den Mandelstiften bestreuen. **3** Den Kuchen in den Backofen (untere Schiene) schieben und bei 180 °C (Umluft 160 °C, Gas Stufe 2-3) etwa 45 Minuten backen. **4** Den Kuchen noch heiß mit dem restlichen Sirup beträufeln. Auf einem Kuchengitter abkühlen lassen und erst zum Servieren mit dem Puderzucker bestreuen.

Variation Den Teig ohne Honigmarzipan aus Zucker, Fett, Eiern, Mehl, 40 Gramm Speisestärke und Backpulver rühren, eventuell noch mit abgeriebener Zitronenschale, Weinbrand und/oder Vanillezucker würzen. Den Teig in der gefetteten oder mit Backpapier ausgelegten Springform glattstreichen und dicht an dicht mit halbierten und entkernten Äpfeln belegen. Die Höhlung der Äpfel mit ein paar gehackten Datteln, Rosinen, Korinthen, oder Nusskernen und dem Sirup füllen und mit Zitronensaft beträufeln. Wie im Rezept beschrieben fertig backen.

Frische Aprikosen enthalten, wie Äpfel auch, reichlich Pektin. Pektin zählt zu den Ballaststoffen, die vor Darmkrebs schützen.

▶ **Pro Portion** *1179/282 kJ/kcal · 5 g Eiweiß · 14 g Fett · 31 g Kohlenhydrate · 3 g Ballaststoffe · 110 mg Kalzium · 2 mg Eisen · 361 mg Kalium · 33 mg Magnesium · 65 mg Cholesterin*

Gewürzkuchen

Für 20 Stücke

*250 g weiche Butter oder Pflanzenmargarine · 25 g Rohrohrzucker
(körnige Melasse) · 1 Päckchen Lebkuchengewürz · 1/2 unbehandelte
Orange · 1 Prise Salz · 4 Eier · 300 g Weizenvollkornmehl · je 1 Päckchen
Vanille- und Schokoladenpuddingpulver · 100 g Mandelstifte
1 Päckchen Backpulver · etwa 250 ml Milch · Fett für die Form
3-4 EL flüssiger Agavendicksaft · 3 EL feine Kokosraspel*

🕐 **Zubereitungszeit** 2 Stunden
Arbeitszeit 30 Minuten

Lebkuchengewürz bekommen Sie in verschiedenen Mengen abgepackt: Pro 100 Gramm Mehl rechnet man zehn Gramm Gewürz. Ein 30-Gramm-Päckchen ist also für diesen Kuchen genau richtig.

1 Butter mit Zucker, Lebkuchengewürz, abgeriebener Orangenschale und Salz schaumig rühren. Die Eier nacheinander unterrühren. Das Mehl, die beiden Puddingpulver, Mandelstifte und Backpulver mischen und unterrühren. So viel Milch zugeben, dass ein cremiger Teig entsteht. **2** Den Teig in eine gut gefettete Napfkuchenform füllen und in den kalten Backofen (untere Schiene) stellen. Den Kuchen bei 200 °C (Umluft 180 °C, Gas Stufe 3-4) etwa 75 Minuten backen. In der Form 10 Minuten ruhen lassen. Auf ein Kuchengitter stürzen, heiß mit dem Agavendicksaft bestreichen und mit den Kokosraspel bestreuen.

▶ **Pro Portion** *1062/254 kJ/kcal · 5 g Eiweiß · 16 g Fett · 21 g Kohlenhydrate · 2 g Ballaststoffe · 170 mg Kalzium · 2 mg Eisen · 236 mg Kalium 43 mg Magnesium · 80 mg Cholesterin*

Zucchini-Ingwerkuchen

Für 12 Stücke

*300 g kleine Zucchini · 1 Stück frischer Ingwer · abgeriebene Schale und
Saft von 1/2 unbehandelten Zitrone · 5 Eier · 5 EL Agavendicksaft
100 g Maisstärke · 50 g fein gemahlene Hirse · 200 g gemahlene Haselnusskerne · 1 TL Ingwerpulver · 1/2 Päckchen Weinsteinbackpulver
Fett oder Backpapier für die Form · 2 EL Agavendicksaft*

⏱ **Zubereitungszeit** 1 Stunde 30 Minuten
Arbeitszeit 30 Minuten

1 Die Zucchini putzen, waschen und auf der Rohkostreibe fein raspeln. Den Ingwer schälen und ganz fein reiben oder durch die Knoblauchpresse drücken. Zucchini, Ingwer und Zitronenschale vermischen. Die Eier trennen. **2** Eiweiß mit dem Zitronensaft steif schlagen. Zuerst nacheinander die Eigelbe, dann esslöffelweise den Agavendicksaft unterrühren. **3** Die Zucchinimischung auf den Teig geben. Maisstärke und Hirse sieben, mit Nüssen, Ingwerpulver und Backpulver mischen und darüber streuen. Alles mit einem Schneebesen vorsichtig mischen. **4** Den Teig in einer gefetteten oder mit Backpapier ausgelegten Kastenform von 30 Zentimeter Länge glattstreichen. Den Kuchen in den kalten Backofen (mittlere Schiene) stellen und bei 180 °C (Umluft 160 °C, Gas Stufe 2-3) etwa 1 Stunde backen. **5** Den Zucchinikuchen mit dem Agavendicksaft bestreichen und noch 10 Minuten im abgeschalteten Ofen bei geschlossener Backofentüre ziehen lassen.

▶ **Pro Portion** *944/226 kJ/kcal · 7 g Eiweiß · 13 g Fett · 17 g Kohlenhydrate · 2 g Ballaststoffe · 134 mg Kalzium · 2 mg Eisen · 213 mg Kalium 41 mg Magnesium · 100 mg Cholesterin*

Kuchen muss nicht immer aus Obst und Früchten bestehen – das nebenstehende Beispiel beweist es. Auch Gemüse lässt sich zu einer exotischen Variante mit vielen Gewürzen verarbeiten.

Gesunder Spross

Ingwer gehört zu den pflanzlichen Lebensmitteln, die krebserregende Substanzen unschädlich machen. In Asien setzt man ihn gegen Rheuma, Muskel- und Zahnschmerzen ein. Frisch hilft er bei der Verdauung, lindert Magenkrämpfe und Blähungen. Er treibt den Schweiß bei Erkältungen, wirkt vermutlich gegen Seekrankheit und seelischen Stress. Der Gehalt an ätherischen Ölen verleiht dem Ingwer den charakteristischen Geruch und Geschmack und trägt zur Haltbarkeit fetthaltiger Speisen bei. Im Handel sind drei verschiedene Ingwersorten erhältlich: frische, ganze Ingwerknollen, in Scheiben geschnittener und eingelegter Ingwer sowie zu Pulver vermahlener Ingwer, der ein wichtiger Bestandteil des Currypulvers ist.

Rhabarberkuchen

Für 20 Stücke

Belag: 1 kg Rhabarber · 1 Päckchen Vanillepuddingpulver · 300 ml Fruchtsauce mit Erdbeeren oder Himbeeren · 100 g Hafervollkornmehl

75 g Rohrzucker · 50 g gemahlene Haselnusskerne · abgeriebene Schale von 1 kleinen unbehandelten Zitrone · 75 g Pflanzenmargarine

Teig: 250 g Tofu · 150 ml Sojadrink, ungesüßt · 8 EL Sonnenblumenöl

75 g Rohrzucker · 400 g Weizenvollkornmehl · 1/2 Päckchen Weinsteinbackpulver · 1 TL Zimtpulver · Fett für das Blech

🕐 **Zubereitungszeit** 2 Stunden
Arbeitszeit 1 Stunde 15 Minuten

Wer zur Nierensteinen neigt, muss auf Rhabarber verzichten, weil die Oxalsäure darin die Bildung von Steinen begünstigt.

1 Den Rhabarber putzen, waschen, in Stücke schneiden und mit etwa 250 Milliliter Wasser langsam zum Kochen bringen. Das Puddingpulver mit 250 Milliliter Wasser glattrühren, zum Rhabarber geben und unter Rühren erhitzen, bis das Kompott dickflüssig ist. Mit der Fruchtsauce verrühren und abkühlen lassen. Dabei immer wieder umrühren. **2** Für die Streusel Hafervollkornmehl, Rohrzucker, Nüsse und Zitronenschale in einer Schüssel mischen. Fett schmelzen und zugeben und mit einer Gabel zu Streuseln vermengen. **3** Den Tofu mit dem Sojadrink pürieren. Das Püree mit Öl, Rohrzucker und der Hälfte des Weizenmehls in einer Schüssel mit den Knethaken des Handrührgerätes verrühren. Den Teig auf die Arbeitsfläche geben, das restliche Weizenmehl mit Backpulver und Zimt mischen und mit den Händen unter den Teig kneten. **3** Ein Backblech fetten, den Teig darauf ausrollen und einen etwa fingerbreiten Rand hochdrücken. Den Rhabarber auf dem Kuchenboden verteilen und mit den Streuseln belegen. Den Kuchen in den kalten Backofen (mittlere Schiene) schieben und bei 180 °C (Umluft 160 °C, Gas Stufe 2-3) etwa 45 Minuten backen, bis er leicht gebräunt ist.

▶ **Pro Portion** *991/237 kJ/kcal · 5 g Eiweiß · 10 g Fett · 28 g Kohlenhydrate · 4 g Ballaststoffe · 117 mg Kalzium · 2 mg Eisen · 336 mg Kalium 54 mg Magnesium · 0 mg Cholesterin*

Kirschtorte

Für 16 Stücke

Teig: 6 Eier · 1 EL Zitronensaft · 4 EL Ahornsirup · 150 g Weizenvollkornmehl · 30 g ungesüßtes Kakaopulver · 1 TL Backpulver

Für die Form: Butter und Pergamentpapier

Füllung: 1 großes Glas Sauerkirschen (Abtropfgewicht 350 g)

1 gehäufter EL Speisestärke · 2 EL Ahornsirup · 2 EL Zitronensaft

500 ml süße Sahne · 3 EL Vanillezucker

Zum Tränken: 6-7 EL Sauerkirschsaft

2 EL Weinbrand, Rum oder Orangensaft · 50 g Schokoladenraspel

🕐 **Zubereitungszeit** 1 Stunde 30 Minuten
Arbeitszeit 40 Minuten

1 Die Eier trennen. Eiweiß mit Zitronensaft steif schlagen. Den Ahornsirup langsam zugeben und zu einer dicken Creme aufschlagen. Die Eigelbe nacheinander unterrühren. **2** Das Mehl mit Kakaopulver und Backpulver mischen, auf den Eischnee sieben und mit einem Schneebesen unterziehen. **3** Eine Springform von 26 Zentimeter Durchmesser mit gefettetem Pergamentpapier auslegen. Den Teig einfüllen und darin glattstreichen. Den Tortenboden in den kalten Backofen (mittlere Schiene) stellen und bei 180 °C (Umluft 160 °C, Gas Stufe 2-3) etwa 50 Minuten backen. Herausnehmen, etwa 10 Minuten in der Form ruhen lassen und zum Auskühlen auf ein Kuchengitter stürzen. **4** Für die Füllung die Sauerkirschen abtropfen lassen und den Saft auffangen. 250 Milliliter des Saftes mit der Speisestärke verrühren und erhitzen. Die Sauerkirschen zugeben und einmal aufkochen. Ahornsirup und Zitronensaft untermischen und die Füllung abkühlen lassen. **5** Die Sahne mit Vanillezucker steif schlagen. Den Kuchenboden zweimal waagerecht durchschneiden. Sauerkirschsaft mit Weinbrand mischen und die Tortenböden damit tränken. Die Hälfte der Kirschenmischung auf dem unteren Tortenboden verteilen und dünn mit Sahne bestreichen. Den zweiten Boden darauflegen, füllen und mit dem letzten Boden abdecken. **6** Die Torte mit Sahne bestreichen und mit Schokoladenraspel garnieren.

Biskuitteig mit dünnflüssigem Sirup wird nicht so hoch und locker wie mit weißem Zucker, Rohr- oder Rübenzucker. Doch er ist genauso saftig und schmeckt sehr aromatisch.

▶ **Pro Portion** *974/233 kJ/kcal · 6 g Eiweiß · 14 g Fett · 19 g Kohlenhydrate · 2 g Ballaststoffe · 105 mg Kalzium · 1 mg Eisen · 188 mg Kalium 29 mg Magnesium · 124 mg Cholesterin*

Stachelbeerkuchen

Für 8 Portionen

250 g Mehl · 1 1/2 TL Backpulver · 1 Prise Salz · 125 g weiche Butter oder Pflanzenmargarine · 250 g Stachelbeeren · 4 EL Ahornsirup 1 Ei · Fett für die Form · Puderzucker

🕐 **Zubereitungszeit** 1 Stunde 30 Minuten
Arbeitszeit 40 Minuten

Stachelbeeren liefern reichlich Zucker für den Energievorrat und Ballaststoffe für einen gesunden Darm.

1 Das Mehl mit Backpulver und Salz mischen. Das Fett schmelzen, zugeben und mit einer Gabel untermischen, bis die Mischung krümelig ist.   **2** Die Stachelbeeren waschen, putzen und mit dem Ahornsirup und dem Ei in den Teig rühren.   **3** Eine Springform von 22 Zentimeter Durchmesser fetten. Den Teig einfüllen und glattstreichen.   **4** Den Kuchen in den kalten Backofen (mittlere Schiene) stellen und bei 180 °C (Umluft 160 °C, Gas Stufe 2-3) etwa 50 Minuten backen.   **5** Den Kuchen herausnehmen und 10 Minuten in der Form ruhen lassen. Auf einem Kuchengitter abkühlen lassen. Unmittelbar vor dem Servieren mit Puderzucker bestreuen.

▶ **Pro Portion** *1129/270 kJ/kcal · 5 g Eiweiß · 15 g Fett · 27 g Kohlenhydrate · 4 g Ballaststoffe · 166 mg Kalzium · 1 mg Eisen · 175 mg Kalium 32 mg Magnesium · 68 mg Cholesterin*

Schokoladenkuchen mit Pfirsichsahne

Für 12 Stücke

Teig: *200 g weiche Butter · 150 g Rohrohrzucker (körnige Melasse) 1/4 TL Vanillepulver · 1 Prise Salz · 4 Eier · 300 g Mehl · 2 EL ungesüßtes Kakaopulver · 1 1/2 TL Backpulver · 250 ml Milch · Fett für die Form*

Ein Schokoladenkuchen bekommt durch Rohrzucker ein viel individuelleres Aroma als mit herkömmlichem Industriezucker.

Füllung: *3 EL Johannisbeergelee · 4 mittelgroße reife Pfirsiche (ca. 400 g)*
400 ml süße Sahne · 1 Päckchen Sahnesteif · 2 EL Rohrzucker
3 EL Schokoladenraspel

🕐 **Zubereitungszeit** 2 Stunden
Arbeitszeit 1 Stunde
Ruhezeit 2 Stunden

1 Butter, Zucker, Vanillepulver und Salz schaumig rühren. Die Eier nacheinander unterrühren. Mehl mit Kakao und Backpulver vermischen und unter den Teig heben, nach und nach die Milch zugießen und rühren, bis der Teig cremig ist. **2** Eine gefettete Springform von 26 Zentimeter Durchmesser mit dem Teig füllen und glattstreichen. Den Kuchen in den kalten Backofen (untere Schiene) stellen und bei 180 °C (Umluft 160 °C, Gas Stufe 2-3) etwa 60 Minuten backen. Den Kuchen herausnehmen und auskühlen lassen. **3** Den Kuchen quer halbieren. Die untere Hälfte mit Johannisbeergelee bestreichen. **4** Die Pfirsiche mit heißem Wasser überbrühen, abziehen, entkernen und würfeln. **5** Die Sahne mit Sahnesteif und Rohrzucker steif schlagen. Ein Drittel der Sahne für den Kuchenrand beiseite stellen, den Rest mit den Pfirsichen vermischen. **6** Den Kuchen mit der Hälfte der Pfirsichsahne füllen. Die restliche Pfirsichsahne auf dem Kuchen glattstreichen und mit der Schokoladen-

In einem Glas heißer Milch aufgelöst, gilt Melasse als gutes Schlafmittel, denn sie beruhigt und fördert die Entspannung.

79

raspel bestreuen. Den Kuchen rundherum mit der zurückbehaltenen Sahne bestreichen. **7** Vor dem Servieren 2 Stunden kalt stellen.

▶ **Pro Portion** *1819/435 kJ/kcal · 7 g Eiweiß · 28 g Fett · 34 g Kohlenhydrate · 4 g Ballaststoffe · 122 mg Kalzium · 3 mg Eisen · 450 mg Kalium 61 mg Magnesium · 157 mg Cholesterin*

Kokoskuchen

Für 20 Stücke

Teig: *100 g Zuckerrübenkraut · abgeriebene Schale von 1/2 unbehandelten Orange · 300 g Joghurt · 2 Eier · 375 g Mehl · 1 Päckchen Backpulver 1-2 EL Butter · 3 EL Semmelbrösel für die Form*
Belag: *175 g Kokosnussfleisch (ersatzweise Kokosflocken) · 75 g Rohrzucker 1 TL Vanillepulver · 400 ml süße Sahne*

🕐 **Zubereitungszeit** 1 Stunde
Arbeitszeit 30 Minuten
Ruhezeit 6 Stunden

Frische Kokosnüsse müssen beim Schütteln deutlich gluckern, dann ist das Fruchtfleisch noch knackig und saftig. Beim Lagern verdunstet die Flüssigkeit im Innern der Nuss langsam durch die Poren der Schale, und das Fleisch wird trocken und schmeckt seifig.

1 Zuckerrübenkraut, Orangenschale und Joghurt verrühren. Die Eier untermischen, das Mehl mit dem Backpulver mischen und unterrühren. **2** Ein Backblech fetten und mit Semmelbröseln ausstreuen. **3** Den Teig auf das Backblech streichen. Kuchen in den kalten Backofen (mittlere Schiene) schieben und bei 180 °C (Umluft 160 °C, Gas Stufe 2-3) 30 Minuten backen. **4** Das Kokosfleisch auf der Rohkostreibe fein reiben, mit Zucker und Vanille mischen. Den Kuchen aus dem Backofen nehmen, mit der Hälfte der Kokoszuckermischung bestreuen, die Sahne darauf verteilen und mit der restlichen Kokoszuckermischung abschließen. **5** Den Kuchen etwa 6 Stunden durchziehen lassen.

▶ **Pro Portion** *954/228 kJ/kcal · 4 g Eiweiß · 12 g Fett · 22 g Kohlenhydrate · 3 g Ballaststoffe · 144 mg Kalzium · 1 mg Eisen · 192 mg Kalium 29 mg Magnesium · 52 mg Cholesterin*

Backen für Weihnachten

Stutenmännchen

Für 6 Stück

1 Würfel Hefe (42 g) · 150 ml lauwarme Milch

600 g Weizenmehl, Type 1050 · 100 g gehackte Haselnusskerne

1/2 TL Salz · 50 g Rohrzucker · 1 TL Zimtpulver

50 g Zuckerrübenkraut · 100 g flüssige Butter oder Pflanzenmargarine

2 Eier · Mehl zum Ausrollen · Pappe · Fett für das Blech

Rosinen für die Augen · Milch zum Bestreichen

⏱ **Zubereitungszeit** 2 Stunden
Arbeitszeit: 40 Minuten

1 Die Hefe mit etwas Milch verrühren und 10 Minuten ruhen lassen. Mehl, Nüsse, Salz, Rohrzucker, Zimt, Zuckerrübenkraut, die aufgelöste Hefe, das Fett und die Eier mit den Knethacken der Handrührgerätes verrühren. Die Milch zugießen und etwa 5 Minuten kneten, bis der Teig Blasen bildet und sich vom Schüsselrand löst. Zugedeckt bei Zimmertemperatur etwa 1 Stunde gehen lassen. Noch einmal kräftig durchkneten und 1 Zentimeter dick ausrollen. **2** Ein 18 Zentimeter langes und 11 Zentimeter breites Männchen auf Pappe zeichnen und ausschneiden. Die Schablone auf den Teig legen und sechs Männchen ausschneiden. Auf ein gefettetes Blech legen, die Rosinen als Augen in den Teig drücken. Männchen mit Milch bestreichen und nochmals 10 Minuten gehen lassen. Den Backofen auf 200 °C (Umluft 180 °C, Gas Stufe 3-4) vorheizen und die Stutenmännchen (mittlere Schiene) 15 bis 20 Minuten backen. Auf einem Kuchengitter abkühlen lassen.

Halten Sie während der Zubereitung Küchentüre und -fenster geschlossen – Hefeteig verträgt keinen Zug und keine Temperaturschwankungen.

▶ **Pro Portion** 2977/712 kJ/kcal · 19 g Eiweiß · 29 g Fett · 85 g Kohlenhydrate · 6 g Ballaststoffe · 101 mg Kalzium · 5 mg Eisen · 495 mg Kalium 99 mg Magnesium · 123 mg Cholesterin

Gebildbrote

Über viele Jahrhunderte hinweg waren Gebildbrote wie Stutenkerle oder Modelgebäck nicht zum Aufessen, sondern zum Aufheben bestimmt: Wie Künstler ihre Holzschnitte, schufen die Modelstecher ihr Kunsthandwerk: Sie arbeiteten für die Bäcker, fertigten aber auch Siegel und Petschaften an, sie schnitten Prägestempel für Münzen und Formen für Ofenkacheln. Das Gebäck aus dem Model wurde sorgfältig bunt bemalt und anschließend teuer verkauft – als »hölzerne Bilderbücher«, die man heute in Museen bewundern kann.

Mandelschnecken

Für 40 Stück

Teig: 250 g Weizenvollkornmehl · 50 g gemahlene Nusskerne

1 TL Lebkuchengewürz · 1/2 TL Vanillepulver

150 g weiche Butter oder Pflanzenmargarine · 2 EL Dattelsirup

eventuell 1 EL Wasser · Mehl für die Arbeitsfläche

Füllung: 200 g gemahlene Mandeln · 3 EL Dattelsirup · 1 EL Weinbrand

1 EL Zitronensaft · zum Bestreichen: 3 EL süße Sahne

🕐 **Zubereitungszeit** 1 Stunde 35 Minuten
Arbeitszeit 40 Minuten

Wem das Ausrollen des Teigs zu mühsam ist, nimmt etwa kirschgroße Portionen davon ab, rollt sie zu Kugeln und füllt sie wie Klöße mit der Mandelmischung. Die Kekse etwas flachdrücken und auf die Bleche setzen.

1 Mehl, Nüsse, Lebkuchengewürz, Vanille, Fett und Sirup zu einem glatten Teig verkneten. In Pergamentpapier gewickelt 1 Stunde kühlen.
2 Die Mandeln mit Dattelsirup, Weinbrand und Zitronensaft verkneten. Den Teig auf der bemehlten Arbeitsfläche etwa messerrückendick zu Platten ausrollen. Jede Platte mit Füllung bestreichen und aufrollen. Die Rollen 30 Minuten kühlen.   **3** Rollen in etwa 1/2 Zentimeter dicke Scheiben schneiden, Scheiben auf zwei Backbleche legen und mit der Sahne bestreichen.   **4** Das erste Backblech in den kalten Backofen (mittlere Schiene) schieben und die Kekse bei 200 °C (Umluft 180 °C, Gas Stufe 3-4) etwa 15 Minuten backen. Die Kekse auf dem folgenden Blech brauchen etwa 10 Minuten.
Tipp   Wem das Ausrollen des Teigs zu mühsam ist, nimmt etwa kirschgroße Portionen davon ab, rollt sie zu Kugeln und füllt sie wie

Klöße mit der Mandelmischung. Die Kekse etwas flachdrücken und auf die mit Fett bestrichenen Bleche setzen.

▶ **Pro Portion** *397/95 kJ/kcal · 2 g Eiweiß · 7 g Fett · 6 g Kohlenhydrate 1 g Ballaststoffe · 18 mg Kalzium · 1 mg Eisen · 76 mg Kalium · 21 mg Magnesium · 10 mg Cholesterin*

Zimtkekse

Für 90 Stück

125 g Zuckerrübenkraut · 100 g weiche Butter oder Pflanzenmargarine

1 Eigelb · 250 g Mehl · 150 g Semmelbrösel · 1 gehäufter TL Zimtpulver

1/4 TL gemahlene Vanille · abgeriebene Schale von 1/2 Zitrone

2 TL Backpulver · 250 ml Milch · Fett und Mehl für die Bleche

2 EL Milch · Schokoladenglasur zum Bestreichen

🕐 **Zubereitungszeit** 50 Minuten
Arbeitszeit 25 Minuten

1 Das Rübenkraut und das Fett mit den Quirlen des Handrührgerätes schaumig rühren. Das Eigelb untermischen. **2** Mehl, Semmelbrösel, Zimt, Vanille, Zitronenschale und Backpulver mischen und unterrühren. Zum Schluss die Milch daruntermischen. **3** Den Teig auf Mehl etwa messerrückendick ausrollen, beliebig ausstechen und auf gefettete, mit Mehl bestäubte Backbleche legen. Mit der Milch bestreichen. **4** Erstes Blech in den kalten Backofen (mittlere Schiene) schieben. Ofen auf 180 °C (Umluft 160 °C, Gas Stufe 2-3) schalten. Zimtkekse auf diesem Blech etwa 15 Minuten backen, bis sie leicht gebräunt sind. Die Kekse auf den folgenden Blechen etwa 10 Minuten backen. **5** Kekse vom Blech lösen, auf einem Kuchengitter erkalten lassen und mit Schokoladenglasur überziehen.

Die Kekse sind ein altes bayerisches Rezept – noch nicht ganz so süß, knusprig und üppig wie moderne Weihnachtsplätzchen.

▶ **Pro Portion** *142/34 kJ/kcal · 1 g Eiweiß · 1 g Fett · 5 g Kohlenhydrate 0 g Ballaststoffe · 25 mg Kalzium · 0,3 mg Eisen · 30 mg Kalium · 5 mg Magnesium · 7 mg Cholesterin*

Zuckerkrapfen

Für 60 Stück

70 g weiche Pflanzenmargarine · 60 g weiches Butterschmalz
60 g Rohr- oder Rübenzucker · abgeriebene Schale von 1/4 unbehandelten
Orange · 1 Ei · 200 g Weizenvollkornmehl · Fett für die Bleche
2 EL Zuckerrübenkraut · 1 EL Orangensaft · 2 EL Kokosflocken

⏱ **Zubereitungszeit** 50 Minuten
Arbeitszeit: 25 Minuten

Vollkornmehl und Vollkornbrot gehören zu den wichtigsten Ballaststofflieferanten. Sie halten den Darm gesund, die Verdauung in Schwung und die Cholesterinwerte niedrig.

1 Fette und Zucker mit den Quirlen des Handrührgerätes schaumig rühren. Zuerst Orangenschale und Ei, dann das Mehl untermischen.
2 Den Teig zu kleinen Kugeln rollen und auf zwei gut gefettete Bleche legen. Mit einem Kochlöffelstiel kleine Mulden in die Kugeln drücken. Das Zuckerrübenkraut mit dem Orangensaft und den Kokosflocken mischen und in die Mulden geben. **3** Erstes Blech in den kalten Backofen (mittlere Schiene) schieben und die Zuckerkrapfen bei 180 °C (Umluft 160 °C, Gas Stufe 2-3) etwa 15 Minuten backen. Krapfen auf dem zweiten Blech etwa 10 Minuten backen, bis sie leicht gebräunt sind. Heiß ablösen.

Überraschen Sie Freunde oder Ihre Familie zu Weihnachten mit diesen Zuckerkrapfen.

▶ **Pro Portion** *151/36 kJ/kcal · 1 g Eiweiß · 2 g Fett · 3 g Kohlenhydrate 0 g Ballaststoffe · 2 mg Kalzium · 0,2 mg Eisen · 16 mg Kalium · 5 mg Magnesium · 7 mg Cholesterin*

Schokoladenkekse

Für 90 Stück

150 g weiße Schokolade · 150 g ungesalzene Erdnusskerne
200 g Weizenvollkornmehl · 150 g weiche Butter oder Pflanzenmargarine
100 g Rohrohrzucker (körnige Melasse) · 1 Ei · Fett oder Backpapier
für die Bleche · 400 g Halbbitterkuvertüre · 2-3 EL Crunchy-Müsli oder
Cornflakes mit Schokolade

🕐 **Zubereitungszeit** 3 Stunden 20 Minuten
Arbeitszeit 30 Minuten

1 Die weiße Schokolade und die Erdnüsse im Blitzhacker fein zerkleinern. Mit dem Mehl mischen. **2** Fett mit Zucker und Ei schaumig rühren. Die Mehlmischung mit den Knethaken des Handrührgeräts unterrühren. Den Teig zu Rollen von etwa 4 Zentimeter Durchmesser formen und etwa 2 Stunden lang kalt stellen. **3** Die Rollen in Scheiben von etwa 1/2 Zentimeter Dicke schneiden und auf gefettete oder mit Backpapier ausgelegte Backbleche nicht zu dicht aneinander legen. Das erste Blech in den kalten Backofen schieben. Schokoladenkekse bei 200 °C (Umluft 180 °C, Gas Stufe 3-4) etwa 20 Minuten backen. Die Kekse auf dem folgenden Blech etwa 15 Minuten backen. Die Kekse noch heiß ablösen und auf einem Kuchengitter erkalten lassen. **4** Die Kuvertüre nach Angabe auf der Packung im Wasserbad schmelzen. Die Kekse dick damit bestreichen und mit dem Crunchy-Müsli oder mit den Cornflakes bestreuen, solange die Kuvertüre noch flüssig ist.

Schokolade, Kuvertüre, Crunchy-Müsli und Cornflakes ohne weißen Zucker bekommen Sie im Naturkosthandel und Reformhaus.

▶ **Pro Portion** *263/63 kJ/kcal · 1 g Eiweiß · 3 g Fett · 7 g Kohlenhydrate 1 g Ballaststoffe · 19 mg Kalzium · 0 mg Eisen · 64 mg Kalium · 13 mg Magnesium · 7 mg Cholesterin*

Pfefferkuchen

Für 150 Stück

400 g Zuckerrübenkraut · 100 g Rohrohrzucker (körnige Melasse)

100 g Butter oder Margarine · 1 TL Schweineschmalz · 10 g Pottasche

1 TL Orangensaft · je 50 g gehacktes Zitronat und Orangeat

500 g Mehl · 1 TL Zimtpulver · 1/4 TL Nelkenpulver

1/2 unbehandelte Zitrone · 50 g gehackte Mandeln · Mandeln zum

Verzieren · Mehl zum Ausrollen · Fett und Mehl für die Bleche

Zubereitungszeit 1 Stunde 20 Minuten
Arbeitszeit 50 Minuten
Ruhezeit 4 Tage

Wenn Sie ausgestochene Pfefferkuchen vor dem Backen mit kleinen Löchern versehen, dienen sie gebacken als Christbaumschmuck.

1 Zuckerrübenkraut, Rohrohrzucker und beide Fette erwärmen. Die Pottasche im Orangensaft auflösen. **2** Zitronat und Orangeat mit Mehl, Gewürzen, abgeriebener Zitronenschale, Mandeln, Sirupmischung und Pottasche verkneten. **3** Den Teig 4 Tage gut zugedeckt bei Zimmertemperatur ruhen lassen. Dabei immer wieder durchkneten. **4** Den Teig messerrückendick ausrollen, zu beliebigen Formen ausstechen und mit halbierten Mandeln verzieren. Die Pfefferkuchen auf gefettete, mit Mehl bestäubte Backbleche legen. **5** Das erste Blech in den kalten Backofen (mittlerer Schiene) schieben. Den Ofen auf 200 °C (Umluft 180 °C, Gas Stufe 3-4) schalten und die Pfefferkuchen 15 bis 20 Minuten backen. Die Pfefferkuchen auf den folgenden Blechen brauchen nur noch 10 bis 15 Minuten.

Pfefferkuchen

Pfefferkuchenbäcker als Zunft werden bereits im 13. Jahrhundert genannt, mehr als 50 Jahre vor dem ersten bekannten Kochbuch Deutschlands. Das Gebäck gibt es als ausgestochene Kekse wie hier, mal als große Rechtecke wie Lebkuchen und als richtigen Kuchen aus der Form. Gemeinsam sind allen die aromatische Süße und die vielen Gewürze. Denn »Pfeffer« war früher gleichbedeutend mit exotischen Gewürzen, und »Pfeffersäcke« hießen Kaufleute, die Gewürzhandel mit Asien und der Neuen Welt betrieben.

▶ **Pro Portion** *125/30 kJ/kcal · 4 g Eiweiß · 9 g Fett · 33 g Kohlenhydrate 4 g Ballaststoffe · 133 mg Kalzium · 2 mg Eisen · 257 mg Kalium · 48 mg Magnesium · 16 mg Cholesterin*

Früchtebrot

Für 20 Scheiben

500 g gemischtes Trockenobst · 2 EL schwarzer Tee · 2 EL Zitronensaft
100 g Dattelsirup · 50 g weiche Butter oder Pflanzenmargarine
250 g Mehl · 1 Ei · 60 g Mandelstifte · abgeriebene Schale von 1 unbehan-
delten Zitrone und 1 kleinen Orange · Fett und Mehl für die Form
1 EL Rohr- oder Rübenzucker

🕐 **Zubereitungszeit** 2 Stunden 10 Minuten
   Arbeitszeit 50 Minuten
   Ruhezeit 2 Tage

1 Das Trockenobst grob hacken. Den Tee mit 125 Milliliter kochendem Wasser übergießen und 3 Minuten ziehen lassen. Durch ein Sieb über die Früchte gießen. Zitronensaft und Sirup zugeben, alles mischen und zugedeckt 1 Tag bei Zimmertemperatur ziehen lassen. **2** Die Hälfte des Fetts, Mehl, Ei, Mandelstifte und die Zitrusschalen zum Obst geben und mit einem Kochlöffel gut vermischen. **3** Den Teig in eine gefettete, mit Mehl ausgestreute Kastenform von 30 Zentimeter Länge füllen. Mit dem restlichen Fett in Flöckchen belegen, mit dem Zucker bestreuen und in den kalten Backofen (untere Schiene) schieben. Das Früchtebrot bei 160 °C (Umluft 140 °C, Gas Stufe 1-2) etwa 1 Stunde 20 Minuten backen. Den Kuchen in der Form 30 Minuten ruhen lassen. Zum Abkühlen auf ein Kuchengitter stürzen. In Folie gewickelt mindestens 2 Tage ruhen lassen.

Trockenobst, Rosinen, Zitronat, Orangeat und Zitrusschalen immer mit einem Kochlöffel oder mit den Händen unter Teig kneten. Mit Rührgerät oder Küchenmaschine werden die Früchte meist zerquetscht und färben den Teig dunkel.

▶ **Pro Portion** *740/177 kJ/kcal · 3 g Eiweiß · 5 g Fett · 28 g Kohlenhydrate · 4 g Ballaststoffe · 31 mg Kalzium · 1 mg Eisen · 325 mg Kalium 30 mg Magnesium · 18 mg Cholesterin*

Getränke

Papayadrink

Für 2 Portionen

1 reife Papaya · 500 ml Orangensaft · 1 EL Dattelsirup

2-3 EL Zitronensaft · 2 Minzezweige · Eiswürfel

🕐 **Zubereitungszeit** 10 Minuten

Papayas haben den richtigen Reifegrad, wenn sich die grüne Schale gelblich verfärbt und die Früchte weich werden.

Die Papaya quer halbieren und die Kerne mit einem Teelöffel entfernen. Die Hälften schälen, etwas klein schneiden und mit dem Orangensaft im Mixer pürieren. Dattelsirup und Zitronensaft untermischen. Mit gewaschenen Minzezweigen garnieren und mit Eiswürfeln servieren.

▶ **Pro Portion** *702/168 kJ/kcal · 2 g Eiweiß · 1 g Fett · 37 g Kohlenhydrate 8 g Ballaststoffe · 106 mg Kalzium · 1 mg Eisen · 611 mg Kalium · 88 mg Magnesium · 0 mg Cholesterin*

Der Papayadrink mit Dattelsirup ist an heißen Sommertagen sehr erfrischend.

Erdbeermilch

Für 2 Portionen

200 g tiefgefrorene Erdbeeren · 1 EL ungesüßter Sanddornsirup

1 EL Ahornsirup · 500 ml Buttermilch

🕐 **Zubereitungszeit** 3 Minuten

Die Erdbeeren mit Ahornsirup, Sanddornsirup und Buttermilch im Mixer pürieren und in gekühlten Gläsern mit einem Strohhalm sofort servieren.

Tipp Nehmen Sie für Mixgetränke am besten fettarme Milch- und Sauermilchprodukte wie Dickmilch, Buttermilch, Kefir oder Magerjoghurt. Bei weniger Fett enthalten diese Lebensmittel mehr Kalzium, das der Körper besonders gut verwerten kann.

▶ **Pro Portion** *631/151 kJ/kcal · 10 g Eiweiß · 3 g Fett · 20 g Kohlenhydrate · 3 g Ballaststoffe · 306 mg Kalzium · 1 mg Eisen · 549 mg Kalium 56 mg Magnesium · 8 mg Cholesterin*

Ein fruchtiger Milchmix schmeckt natürlich auch mit anderen frischen Früchten wie beispielsweise Himbeeren, Aprikosen und Bananen.

Nussmilch

Für 2 Portionen

50 g Cashew- oder Pecannusskerne · 500 ml Dickmilch

50 g Datteleis (siehe Seite 52) · 2 EL Orangensaft

🕐 **Zubereitungszeit** 3 Minuten

Die Nüsse, die Dickmilch, das Eis und den Orangensaft im Mixer pürieren, in eisgekühlte Portionsgläser füllen und mit einem Strohhalm dekoriert sofort servieren.

Tipp Bereiten Sie den Drink mit fertig gekauftem Nusseis und ein paar Tropfen Zitronensaft zu, die Nüsse und den Orangensaft können Sie dann weglassen.

▶ **Pro Portion** *1446/346 kJ/kcal · 13 g Eiweiß · 21 g Fett · 21 g Kohlenhydrate · 2 g Ballaststoffe · 317 mg Kalzium · 1 mg Eisen · 526 mg Kalium 100 mg Magnesium · 45 mg Cholesterin*

Exotendrink

Für 3 Portionen

1 Stück frische Ananas (ca. 100 g) · 1 Kiwi · 500 ml Orangensaft
1 EL Zuckerrohrmelasse (streichfähig) · 1/4 TL Zimtpulver

🕐 **Zubereitungszeit** 20 Minuten

Ananas und Kiwi schälen. Mit dem Orangensaft im Mixer pürieren, dann die Melasse untermischen. Auf drei Gläser verteilen und mit dem Zimtpulver bestreuen.

▶ **Pro Portion** *468/112 kJ/kcal · 2 g Eiweiß · 0 g Fett · 24 g Kohlenhydrate · 3 g Ballaststoffe · 90 mg Kalzium · 1 mg Eisen · 413 mg Kalium · 37 mg Magnesium · 0 mg Cholesterin*

Kaffee mit Agavendicksaft

Für 4 Portionen

4 gehäufte TL Instantkaffeepulver · 4 TL Agavendicksaft · 1 TL Zimt
1 Prise Muskatblüte (Macis) · 125 ml süße Sahne · 1 TL Vanillezucker

🕐 **Zubereitungszeit** 15 Minuten

Muskatblüte ist noch gesünder als Muskatnuss, regt die Verdauung an und soll sogar die Stimmung heben.

Den Kaffee mit 500 Milliliter kochendem Wasser zubereiten, mit Agavendicksaft, 1/2 Teelöffel Zimt und Muskatblüte würzen und auf vier Gläser verteilen. Die Sahne mit Vanillezucker steif schlagen, auf den Kaffee setzen und mit dem restlichen Zimt bestreuen.

▶ **Pro Portion** *547/131 kJ/kcal · 2 g Eiweiß · 10 g Fett · 8 g Kohlenhydrate · 7 g Ballaststoffe · 57 mg Kalzium · 1 mg Eisen · 446 mg Kalium · 43 mg Magnesium · 34 mg Cholesterin*

Karibischer Kaffee

Für 4 Portionen

5 gehäufte TL Instantkaffeepulver · 100 ml brauner Rum · 2 EL Rohrzucker · 125 ml süße Sahne · 1 Prise Piment · 2 EL kandierte Früchte

🕐 **Zubereitungszeit** 15 Minuten

Den Kaffee mit 500 Milliliter kochendem Wasser zubereiten. Rum und Rohrzucker in einem Pfännchen erwärmen, flambieren und zum Kaffee geben. Die Sahne steif schlagen und mit Piment und den fein gehackten, kandierten Früchten mischen. Den Kaffee auf vier Gläser verteilen und die Sahne daraufsetzen.

▶ **Pro Portion** *924/221 kJ/kcal · 2 g Eiweiß · 10 g Fett · 14 g Kohlenhydrate · 9 g Ballaststoffe · 47 mg Kalzium · 1 mg Eisen · 547 mg Kalium 52 mg Magnesium · 34 mg Cholesterin*

Piment würzt sehr intensiv und erinnert im Geschmack in etwa an eine Mischung aus Nelken, Pfeffer und Zimt.

Litschi-Bowle

Für ca. 8 Gläser

300 g frische Litschis · 2 Limetten · 2 EL Agavendicksaft
0,7 l ungesüßter Orangensaft · 0,7 l Prosecco

🕐 **Zubereitungszeit** 30 Minuten
   Kühlzeit 2 Stunden

Die Litschis schälen, halbieren und entkernen. Mit dem ausgepressten Limettensaft und dem Agavendicksaft vermischt 2 Stunden kühlen. Dann den sehr kalten Orangensaft und Prosecco zugießen.

▶ **Pro Portion** *573/137 kJ/kcal · 1 g Eiweiß · 1 g Fett · 16 g Kohlenhydrate · 1 g Ballaststoffe · 36 mg Kalzium · 1 mg Eisen · 239 mg Kalium · 22 mg Magnesium · 0 mg Cholesterin*

Litschi

Litschis stammen aus Südchina und sollen seit 3000 Jahren in Ostasien kultiviert werden. Doch die Frucht »wanderte« merkwürdigerweise nicht, und die meisten Europäer kannten Litschis lange Zeit nur aus der Dose. Erst vor etwa 25 Jahren hat man mit dem Litschianbau auf anderen Kontinenten begonnen. Frische Litschis in einem kühlen Raum aufbewahren, denn sie verlieren durch Wärme und trockene Luft sehr schnell an Saft.

Für den Vorrat

Knuspermüsli

Für ca. 20 Portionen

300 g Vollkornhaferflocken · je 2 EL Sonnenblumenkerne,
Kürbiskerne, gehackte Walnusskerne, ungesalzene Erdnusskerne und
Sesamsamen · 7 EL Sonnenblumenöl · 2-3 EL Dattelsirup
100 g gemischtes Trockenobst (Pflaumen, Feigen, Datteln, Äpfel)

🕐 **Zubereitungszeit** 1 Stunde 10 Minuten
Arbeitszeit 20 Minuten

Müsli zum Frühstück wird auch bei uns immer beliebter. Das Knuspermüsli ist eine besonders schmackhafte Variante, auf die Sie sicher bald nicht mehr verzichten wollen.

1 Die Haferflocken, die Kerne, die Nüsse und die Sesamsamen in einer Schüssel vermischen. Das Öl und den Dattelsirup bei schwacher Hitze verrühren, bis sich alles gut verbunden hat. Über die Flockenmischung träufeln und dabei mit einer Gabel kräftig durchrühren. **2** Das Knuspermüsli auf einem mit Backpapier ausgelegtem Backblech ausbreiten und in den kalten Backofen (mittlere Schiene) schieben. Bei 150 °C (Umluft 140 °C, Gas Stufe 1) in etwa 50 Minuten knusprig und goldbraun backen. Dabei immer wieder mit einer Gabel durchrühren und Klümpchen, die sich eventuell bilden, zerdrücken. Das Knuspermüsli erkalten lassen. **3** Das Trockenobst fein zerkleinern und untermischen. Das Müsli in einem Schraubglas oder einem anderen festschließenden Gefäß kühl aufbewahren.

Tipp Das Müsli können Sie in den Vorrat nehmen. Fest verschlossen in einem Schraubglas und im Kühlschrank aufbewahrt, hält es sich etwa vier Wochen. Zum Essen die gewünschten Portionen abnehmen und mit Vollmilch, Sauermilchprodukten und/oder frischem Obst mischen.

▶ **Pro Portion** *518/124 kJ/kcal · 3 g Eiweiß · 6 g Fett · 14 g Kohlenhydrate · 2 g Ballaststoffe · 13 mg Kalzium · 1 mg Eisen · 120 mg Kalium · 34 mg Magnesium · 0 mg Cholesterin*

Gewürzte Quitten

Für 10 bis 12 Portionen

2 kg reife Quitten · Saft von 1 Orange · 1 Stück frischer Ingwer
etwa 8 cm) · 1 Zimtstange (etwa 3 cm)
2 Stück unbehandelte Zitronenschale · 400 g Rohrzucker · 0,75 l Apfelsaft

🕐 **Zubereitungszeit** 60 Minuten

1 Die Quitten waschen und dünn schälen. In Schnitze teilen, in einen großen Topf geben und mit dem Orangensaft vermischen. Den Ingwer schälen und in Scheiben schneiden. Mit Zimtstange, Zitronenschale und Zucker zu den Quitten geben. Den Apfelsaft und 250 Milliliter Wasser zugießen und einmal aufkochen. Zugedeckt bei schwacher Hitze etwa 10 Minuten garen, bis die Quitten gerade eben weich sind. **2** Mit einem Schaumlöffel herausheben und in heiß ausgespülte Gläser füllen. Den Sud nochmals aufkochen und kochend heiß über die Früchte gießen. Die Gläser sofort mit Schraubdeckeln oder Zellophan verschließen.

▶ **Pro Portion** *982/236 kJ/kcal · 1 g Eiweiß · 1 g Fett · 54 g Kohlenhydrate · 12 g Ballaststoffe · 29 mg Kalzium · 1 mg Eisen · 435 mg Kalium · 20 mg Magnesium · 0 mg Cholesterin*

Kühl gelagert halten sich die Quitten drei bis fünf Monate. Sie schmecken als Kompott zu süßen oder herzhaften Waffeln als Beilage zu Wild, Schweinebraten, kaltem Fleisch, Schinken und Pasteten.

Die gewürzten Quitten werden Ihnen die kalten Wintertage wunderbar »versüßen«.

Impressum

© 1998 W. Ludwig Buchverlag GmbH in der Verlagshaus Goethestraße GmbH & Co. KG, München

Alle Rechte vorbehalten. Nachdruck – auch auszugsweise – nur mit Genehmigung des Verlags.

Redaktion:
Martina Solter
Projektleitung:
Berit Hoffmann
Redaktionsleitung:
Dr. Reinhard Pietsch
Bildredaktion:
Sabine Kestler
Festküche:
Luise Herrmann
DTP-Produktion:
MAC 2, München
Umschlag:
Till Eiden
Produktion:
Manfred Metzger
Druck:
Weber Offset, München
Bindung:
R. Oldenbourg, München

Gedruckt auf chlor- und säurearmem Papier

Printed in Germany

ISBN 3-7787-3671-X

Über die Autorin

Barbara Rias-Bucher, geboren in München, Mitglied des Food Editors Club, arbeitet seit über 20 Jahren für renommierte Verlage. International bekannt wurde sie durch ihre Bücher zu vegetarischer und vollwertiger Ernährung. Sie wurde mehrfach von der Gastronomischen Akademie Deutschlands ausgezeichnet, und die Auflagen ihrer etwa 70 Bücher liegen inzwischen bei über zwei Millionen. Barbara Rias-Bucher gilt als Expertin für gesunde Ernährung, die selbst Feinschmecker mögen, und zählt zu den wichtigsten deutschen Kochbuchautoren. Daneben hat sich die studierte Historikerin auf regionale kulinarische Traditionen und auf die internationale Kultur des Essens spezialisiert.

Anmerkung der Redaktion

Diesem Buch liegt die im Juli 1996 in Wien beschlossene und ab 1.8.1998 verbindliche Neuregelung der deutschen Rechtschreibung zu Grunde.

Hinweis

Das vorliegende Buch ist sorgfältig erarbeitet worden. Dennoch erfolgen alle Angaben ohne Gewähr. Weder Autorin noch Verlag können für eventuelle Schäden, die aus den im Buch gemachten Hinweisen resultieren, eine Haftung übernehmen.

Bildnachweis

AKG, Berlin: 17; Bilderberg, Hamburg: 6, 10 (Eberhard Grames), 7 (Rainer Drexel), 16 (Hans-Jürgen Burkard), 21 (Andrej Reiser); Das Fotoarchiv, Essen: U4 (Andreas Riedmiller), 11, 20 (Jochen Tack), 28 (Wolfgang Schmidt), 29 (Toma Babovic); Kargl Christian, München: U1; Kerth Ulrich, München: 1, 33, 38, 43, 48, 51, 53, 55, 61, 63, 67, 70, 79, 84, 88, 93; Südwest Verlag, München: 25, 36 (Matthias Tunger)

Sachregister

Rezepteregister